ドローン空撮で見えてくる
日本の地理と地形

北海道浜中町・霧多布岬

藤田哲史
Tetsushi Fujita

実業之日本社

はじめに

　ドローンの登場によって、誰でも手軽に空撮を楽しむことができるようになった。空撮の楽しさとは、地形の全体像を観察できたり、町が広がっている姿を把握できたり、遠くまで延びる道路の行き先を見通せたり、視野が一気に広がることだ。絶景でなくてもいい。普通の土地であっても、いつも新しい発見があってわくわくする。

　空撮にはもう一つ、「答え合わせ」の楽しさもある。扇状地は空から見ると本当に扇の形をしている。前方後円墳は地上から見ても小山にしか見えないが、空から見ると確かに方形と円が組み合わさった形をしている。学校の地理や歴史の授業で習った無味乾燥な知識が、急に面白く思えてくる瞬間である。

　本書には、ドローンを使って地上100〜140mの高さから撮影した150枚以上の空撮写真を掲載している。これらを通して、空撮の楽しさ、地理や地形の面白さが伝わるといいなと思っている。

目　次

奈良県大和郡山市・稗田環濠集落

秋田県にかほ市象潟

埼玉県深谷市・明戸川原

自然堤防と後背湿地

　川による地形の形成を考えるために、人の手によって治水が行なわれていない、自然状態の川を想像してみよう。傾斜が緩くほとんど平らな土地では、川はちょっとした洪水で氾濫を繰り返し、流路も頻繁に変える。こうした平地を氾濫原という。氾濫原では、川が自然の働きで土砂を堆積させて、流れに沿って堤防のような微高地を作り出すことがある。これが自然堤防である。その背後には氾濫した水が滞留して湿地帯ができ、後背湿地と呼ばれる。

　自然堤防の高さは数m程度であるが、氾濫原にあっては貴重な高台である。それゆえ、古来より人が住み着いて集落が形成されてきた。後背湿地のほうは、日本ではそうした湿地帯にも稲を植え、泥田として苦心しながらも稲作を行なってきた。今日では、排水設備が整えられたことで乾田となって、優良な米どころとなっている場所も多い。

自然堤防上の畑

自然堤防上は川の水面よりも高く、水が得にくいため、畑として利用されている。畑の土が白く見えているのは、川が運んだ砂質土壌のためである。明治時代の調査記録には、粟生津（あおうづ）の産物として米と並んで畑作の麦、豆類、藍などの畑の作物が記されている。

西川

信濃川の下流で水路が枝分かれする分流の一つ。自然堤防を良く作り流域にいくつもの集落を発達させてきた一方、その自然堤防が後背湿地の排水を妨げ、新田開発に多くの苦労をもたらしてきた。治水対策が整えられた今日では、河川が周囲よりも高い位置を流れていることを利用して農業用水の取水用河川としての役割が大きくなっている。

牧ケ花

大河津分水の建設によって今は付け替えられてしまっているが、かつての島崎川はこの付近で西川に合流していた。洪水時には、信濃川から分流している西川の方が水位の上昇が大きく、しばしば島崎川に逆流して氾濫を引き起こしていた。合流する河川が蛇がとぐろを巻くようだというので、牧ケ花という地名になったという説がある。

西川

後背湿地に広がる水田

かつては湿地や湖沼が広がっていたのを、江戸時代中期の新田開発で拓かれて米が作られるようになった。収穫時にも水が引かない沼田や湿地の底の土を盛って作った掘り上げ田（26ページも参照）として、苦心しながら稲作が行なわれていた。今では圃場（ほじょう）整備が行なわれ、良質の水田となっている。

自然堤防上の集落

戦国時代の16世紀半ば頃の文書が残されていて、この地域では早くから集落が成立していたことがわかる。1912年に開業した越後線は集落の緑を通っているが、かろうじて自然堤防から続く微高地の上に線路を敷けたようだ。低地（後背湿地）にも宅地や工場が広がりつつあるが、その場合でも地盤を土盛りして水害に備えている。

円形の自然堤防（埼玉県川島町）

荒川の氾濫原にできた円形の自然堤防。円を描くように蛇行（6ページも参照）する川筋に沿って自然堤防が作られたためで、その上にできた集落も当然ながら円形になる。荒川の流路は遷移してしまっていて今はここには川は流れていないが、地形と集落立地にはその痕跡がくっきりと残されている。

小貝川の蛇行
（こかい）（だこう）

小貝川は利根川の支流の一つで、茨城県筑西市黒子（くろご）付近から下流は、1km下ってようやく数十cm低くなるような非常に緩やかな流れになっている。そのため流路が自由に変更しやすく、左右に大きく曲がって流れる蛇行（自由蛇行）がよく発達した。

蛇行部分では氾濫が起きやすくなるため、水害対策として、捷水路（しょうすいろ）と呼ばれる水路を新しく開削して流路をショートカットさせ、河川の直線化が図られてきた。取り残された円弧状の旧河道部分は湖沼となり、細長く円を描く形が三日月に似ているので、三日月湖と呼ばれる。河川の整備が進んだ小貝川の流域では、三日月湖が各所に見られる。また、決壊した堤防の修復の際に、土木作業を人力に頼らざるを得なかった時代、できるだけ労力を少なくした工夫の跡も今日残されている。

半円状の堤防

水害で堤防が破れると、その破堤箇所から水が勢いよく流出して地面を掘り下げてしまうことがある。これを洗掘（せんくつ）という。まだ重機がなく土木作業を人力に頼らざるを得なかった時代には、洗掘の跡を埋め立てるよりも、そこを避けて半円状に堤防を再建することがあった。江戸時代中期の土木技術書にも「輪の如くに堤を築立修復するなり」と書かれている。空から見るとその部分だけ堤防が堤内側に膨らんでいるのがわかる。現在は国土交通省の豊田堰管理事務所の用地として使われている。

猿島台地

利根川

小貝川

捷水路

写真は龍ケ崎市高須付近で、1630年に小貝川と利根川の合流地点の付け替えを行なった際に、人為的に流路を曲げた場所に当たる。いわば人工的に作られた蛇行部分である。破堤が起きやすく、流路を改良するために1922年に捷水路が開削された。捷水路完成後もしばしば水害は発生し、特に1981年の水害では大きな被害が出た。旧河道の両側に自然堤防の微高地が見られ、その上に集落が成立している。一方、捷水路は河川整備で建設された堤防が河道の両側にそびえ立っているのが、対照的である。

小貝川　捷水路

豊田堰

小貝川の流路が変更された後の1667年に設けられた堰で、龍ケ崎市一帯の新田開発に用いられた。現在の堰は計6門のゲートを備え、1978年に完成した。約1560haの水田に水を供給している。岡堰、福岡堰と並んで小貝川三大堰に数えられる。

小貝川の流路変更

江戸時代初期の1630年に、小貝川と利根川の合流地点を変更するために、猿島（さしま）（取手）台地の南東端を人工的に開削して流路を付け替えた。これによって付近の湿地帯の排水が徐々に進み、新田開発が進んだ。その一方で、合流地点は利根川のこれまた人為的に開削した「布佐（ふさ）の狭窄部」に近く、洪水の時に利根川本川の水が逆流して小貝川流域にも水害をもたらすことがしばしば起きている。

北浦川

豊田堰のすぐ下流で小貝川に合流する。洪水時、合流先の小貝川の水が北浦川に逆流してくるのを防ぐために水門が設けられている。水門が閉じられてしまうと、戸田井排水機場のポンプで水を排水する。2基のポンプで合計毎秒13㎥の排水能力がある。

猿島台地

北浦川

堤外新田

龍ケ崎市

取手市

三日月湖

写真の三日月湖では元の蛇行に沿って自然堤防が形成されていたため、人が住み、集落も円弧状になっているのがわかる。三日月湖の内側は林や太陽光パネルなどの低利用で、地理院地図には堤外新田の地名が見える。河川行政的には、堤外、つまり河川の敷地として扱っているということだろう。取手市と龍ケ崎市の境界はかつての流路を基準にしていたため、今でも三日月湖の中央をなぞっていて、ここだけ大きく湾曲している。

利根町

利根川

我孫子市

取手市

猿島台地

小貝川

龍ケ崎市

猿島台地

蛇行

穿入蛇行
せんにゅう

　川が左右に曲がって流れる蛇行には、平野部で氾濫を繰り返して流路を変えながら作る自由蛇行と、山地や丘陵地帯の中で地盤に穿入しながら蛇行する穿入蛇行がある。穿入蛇行ができるのは、川が先に流れていて後から周囲の土地が隆起した場合で、蛇行した流路が半ば固定されたまま河谷（かこく）を刻んでいく。こうした川のことを先行河川という。

　長野盆地の北部、長丘丘陵・高丘丘陵を貫いて流れてい

る千曲川（ちくま）（信濃川）も先行河川の例であり、穿入蛇行が見られる。丘陵の東縁は断層になっていて、崖が切り立っている。まるで千曲川が壁を一枚隔てて丘陵地帯の中に囚われてしまったかのようなユーモラスな景色を見せている。一方で、それまで盆地の中の平地をのびやかに流れてきた千曲川が、丘陵地帯に入り込むことで川幅が狭まり、氾濫・水害を引き起こす要因にもなっている。

蛇行山脚
さんきゃく

穿入蛇行が進むと、蛇行の内側に半島のように突き出た高台が残される。このことを蛇行山脚という。蛇行が進んで蛇行山脚の「根元」が元の山地から切り離されると、還流丘陵と呼ばれる。この丘陵は、信濃川の水面から比高が100mある。対岸との間に笠倉大橋（仮称）の建設が進められている。

荒川（那珂川水系）
（栃木県那須烏山市）

隆起量が少なく、同じ穿入蛇行でも伸びやかな印象だ。蛇行の内側には氾濫原ともいえる平地が発達し、水田として利用されている。2019年9月の台風19号による洪水では、そうした平地部分で氾濫が起きた。写真には氾濫の痕跡も写っている。また、この地域では瀬替えによる旧河道の水田開発も行なわれている。流路の変更によって還流丘陵として残された中央の微高地には、集落が形成されている。

千曲川（信濃川）

全長367km、日本で一番の長さを誇る信濃川は、長野県内では千曲川と呼ばれる。いくつかの盆地を貫いて流れ、盆地と盆地の間の山地に入る度に流路を狭めて狭窄部となっている。長野盆地の平野部では川幅が1000m以上に広がっていた千曲川は、この丘陵地帯の中では120mまで幅を狭める。

城山（壁田城）

長丘丘陵の一角に築かれた山城で、中野扇状地を見下ろして長野と飯山とを結ぶ交通路を押さえる要地。西側は信濃川に守られた要害である。壁田（へきだ）は、元は火置田と書き、奈良時代に烽火（のろし）台が置かれていたことに由来すると伝わる。戦国時代には武田氏の領地に組み込まれ、越後の上杉氏と対峙する最前線となった。

千曲川

中野（夜間瀬川）扇状地

千曲川がいくら先行河川だからといって、わざわざ丘陵地帯の中を流れなくても、隣にある平野部を流れればいいのにと思ってしまうが、それを許さない地形的な理由がある。志賀高原から流れ下ってくる夜間瀬川がここに扇状地を形成して、それが自然の土手となっているのである。「延徳田んぼ」はこの扇状地の高まりによってできた窪地状の地形で、千曲川の氾濫による水害に長く苦しめられてきた。

長丘丘陵・高丘丘陵

比高80m～180mの丘陵で、北部を長丘丘陵、南部を高丘丘陵という。長野盆地西縁断層帯の一部として、西側が隆起し、東側が沈降している。隆起した部分は先行河川の千曲川が侵食して、中身はがらんどうになっている。丘陵部はリンゴやブドウなどが栽培されていて、地域の特産品となっている。

9

扇状地

福島県猪苗代町、山梨県甲州市・笛吹市

扇状地は、川が山地から平らな平野に出る場所に扇を広げた形に土砂が堆積してできる地形である。山がちな日本では、川が山から平野に出る場所はいたる所にあり、大小様々な扇状地が観察できる。学校の地理の授業でもお馴染みの地形である。扇状の地形の要の部分、山地から出る谷口の部分を扇頂、中央部を扇央、末端を扇端といって、それぞれの土地利用の違いと一緒に覚えた人も多いことだろ

う。

人気がある地形だけに、できるだけ模式的なものを紹介したいと思って選んだのが観音寺川扇状地である。観音寺川は猪苗代湖に注ぐ長瀬川支流の小さな川だが、ドローンで空撮するにはちょうどよい大きさの端正な扇状地を形成している。また、地理の教科書で取り上げられることの多い甲府盆地の京戸川扇状地も合わせて紹介しよう。

川桁断層

山裾を結ぶと直線が浮かび上がってくる。この直線は川桁断層が作り出したもので、写真左側の山地が隆起して、右側が沈降するという動きをしている。沈降した部分に水が溜まって猪苗代湖となり、一部は長瀬川が運んできた土砂や磐梯山噴火の際の火砕流や泥流が堆積して平野となっている。川桁断層の崖線に沿って、内野、川桁、都沢（みやこざわ）という小規模な扇状地が並んでいる。

扇頂と扇央

扇央では水が得にくいので、森林や草地のまま残されていたり、畑作や果樹栽培に利用されたりする。観音寺川扇状地では畑作が中心だが、観光用のブルーベリー園もある。また扇頂に位置するリゾート施設にはハーブ園が併設されていて、広いラベンダー畑が見どころになっている。

県道323号
（沼尻鉄道廃線跡）

沼尻鉄道は、安達太良山山麓の沼尻鉱山から硫黄を運び出すために建設された軌間762mmの軽便鉄道で、街道に間借りするように線路が敷かれていた。川桁駅と沼尻駅との間を結び、旅客も運んでいた。1913年に全線開業し、1968年に鉱山の閉鎖にともなって運行を休止して、そのまま廃止された。歌謡曲『高原列車は行く』のモデルともなった。晩年には磐梯急行電鉄と改称されたこともあったが、結局電化はされなかった。

川桁断層

白津

232

氾濫原

平坦な長瀬川の氾濫原に接して扇状地が形成されている様子がよくわかる。さらに扇状地の一部は後の長瀬川の侵食（しんしょく）によって削り取られて、崖（侵食崖）となっている。この部分は断面を自由に観察できる３Ｄの地形模型のようだ。氾濫原は平らで水の便がいいため、水田として利用されている。

水無川

扇状地は礫（れき）が多く、水が地下に浸透してしまって、地表の川は水が枯れてしまうことがある。この状態の河川を水無川という。観音寺川も雪解けの時期や降雨量の多い時期を除いて、水無川になっている。また勾配が急なため、出水時に土砂が一気に流れ下らないように階段状に床固め（とこがため）が施してある。

観音寺川

川桁

京戸川扇状地
（山梨県甲州市・笛吹市）

典型的な扇状地で、教科書やテストの出題でもよく取り上げられる。ブドウやモモなどの果樹栽培が盛んに行なわれている。標高450m付近を中央自動車道が横切っているが、扇状地の地形に沿って大きなカーブを描いているのは印象的だ。その建設途中で見つかった釈迦堂遺跡は、縄文時代から扇状地に人が住み着いていたことを示している。

扇端

扇状地の扇央では水が得にくいが、地下に浸透して伏流した水が湧きだす扇端では集落が立地する。観音寺川扇状地でも集落は扇端に成立している。南側の川桁、北側の白津（しろづ）の二つの集落があり、白津は街道に沿って両側に家々が建ち並ぶ街村（48ページ）の形態が見られる。

川が作る様々な地形

川は地形を作り出す大きな要因である。流れる水は、侵食、運搬、堆積の三つの作用を持っている。侵食は地面を削り取る作用で、谷を刻んだり、谷底を広げたりする。削り取られた土砂は下流に運搬され、流れが弱くなったり水量が少なくなった場所で堆積する。どういう場所で堆積するかによって、堆積物の広がり方が異なり、扇状になったり、三角形になったりする。堆積によって作った地形を、川自らが侵食して新しい地形を作り出すこともある。こうした作用が日々繰り返されて、川は様々な地形を生み出す。また川の働きと、土地の隆起や人間の堤防構築などの外部の力が組み合わさることでできる地形もある。

ここでは既に見てきた自然堤防（4ページ）、自由蛇行（6ページ）、穿入蛇行（8ページ）、扇状地（10ページ）以外に、川が作り出す様々な地形を見ていこう。

河谷と谷底平野（早月川）

両側を比高400mの山に挟まれた谷で、川に沿って幅400m程の開けた平野状の地形を作り出している。こうした平野のことを谷底平野という。川の水が幾筋にも分かれて流れる網状流路も観察できる。立山連峰・剱岳を源流とする早月川は急流で知られる。急流を表現する「これは川ではない。滝だ」という有名な言葉があるが、最新の研究成果によると、明治時代に招聘したお雇い外国人のムルデルが早月川を評した言葉だという。（富山県滑川市）

伊折発電所 ●

河岸段丘（片品川）

谷が階段状になっている。川に沿って形成される段丘を河岸段丘といい、段丘崖（がい）とその上に広がる平らな段丘面からなる。段丘面はかつての川の氾濫原だった場所である。土地の隆起によって下方侵食の強まりが繰り返されると、何段もの段丘が階段状に形成される。写真右手（川の左岸側）には5段の段丘が見られる。一番上位の段丘面は現在の川面から130mも高い位置にある。段丘面では水が得にくく、畑作が行なわれている。ここではコンニャク芋の栽培が盛んで、特産になっている。（群馬県沼田市・昭和村）

河川争奪（米山川）

侵食力の強い河川Aが深い谷を刻みながら、河川Bの流域まで到達してしまうと、その地点から上流の水は河川Aの谷のほうに流れてしまって、河川Bはそこで断ち切られてしまう。こうした現象を河川争奪という。流域を断ち切られることを「斬首（ざんしゅ）」、斬首された河川Bの少ない水量に不相応に思える広い谷地形を「不適合谷（無能谷）」、争奪によってできた川の曲部を「争奪の肘（ひじ）」という。用語もユニークだ。（新潟県柏崎市）

天井川（不動川）

普通、川は周囲の土地より低い位置を流れるが、写真では周りの人家の屋根より高い位置を川が流れている。そればかりか、川の下に道路や鉄道のトンネルも掘られている。このように、河床が周囲の土地より高くなっている川のことを天井川という。多くの場合、天井川は人が堤防を築いて川の流路を固定しようとした結果生み出された、半人為的な地形である。（京都府城陽市）

天井川の下をくぐる不動川隧道（トンネル）

三角州（雲出川）

川の河口付近にできる平地で、川筋が分かれて分流ができることもある。川の水流と注ぎ込む海や湖の潮流とのバランスによって形状は変化し、必ずしも三角形とは限らないが、空撮するならやはり三角形のものを選びたくなる。その点、雲出川河口の三角州は文字通りの三角形だ。地形的なまとまりがいいためか、現在は津市の一部になっているが、かつては三角州の部分だけで香良洲（からす）町という一つの自治体だった。（三重県津市）

13

霞堤と常願寺川の治水

標高3000m級の峰々が連なる立山連峰を源として富山湾に注ぐ常願寺川は、その標高差をわずか56kmで流れ下る日本屈指の急流河川である。洪水が絶えず、水害を防ぐための治水・砂防対策が古来より連綿と続けられてきた。

その中で特徴的なのは、不連続堤とも呼ばれる霞堤である。普通の堤防（連続堤）は川の流れに沿って途切れなく続いているのに対して、霞堤は上流に向かってハの字状に

堤防が開いていて、堤防は一旦そこで途切れている。その先には、またハの字状の堤防があり、川の流路全体で見ると漏斗を積み重ねて水を順々に下流に送るような仕組みになっている。暴れ川と呼ばれる頻繁に流路を変える河川に対して、その流路を固定するのに有効な形式である。

霞堤の形を空から眺めると同時に、常願寺川の様々な治水・砂防施設を見ていこうと思う。

水制

水制とは洪水時の激流が堤防に直接当たらないようにして堤防を守る工作物だが、常願寺川の物は、水の流れを川の中心部に刎（は）ね寄せることも意図して特に大きく作られている。写真のピストル型水制は常願寺川の治水で開発され、その後全国各地で用いられるようになっている。

常願寺川橋

北陸自動車道の常願寺川橋は全長が849mあり、下流500mの位置に架かる大日橋より300mも長くなっている。これは、霞堤の堤防が上流に向けてハの字に開いている箇所に橋が架けられているのと、右岸側に氾濫水の滞留防止対策としての避溢部（ひいつぶ）を設けているためである。

立山 IC

常願寺川

本宮堰堤（ほんぐう）

堤長107.4m、高さ22mの砂防堰堤。戦前に国の直轄事業として当時の内務省が建設し、1937年に完成している。500万㎥の土砂をここで塞き止めている。堰堤の上流部には平坦な河原が広がっている。上流の立山カルデラにある白岩堰堤とともに、国の重要文化財に指定されている。

上滝床固工（とこがためこう）

河底が掘られて流れが急になることを防ぐために設けられる土工が床固工で、コンクリート製のブロックを並べて保護している。空から見るとパソコンのキーボードのようだ。ブロックを一つ一つ見ていくと上流側が削れて丸くなっているものも見える。損耗した箇所はその部分だけブロックを取り換える。

常願寺川

常願寺川の治水に当たっては、厚く堆積した土砂や土石流への対策も重要になっている。これは、1858年に起きた安政の大地震で上流の鳶山（とんびやま）が山体崩壊を起こし（大鳶崩れ）、その際に大量の土砂が流れ出たためである。1906年から始められた立山カルデラ内の砂防工事は、1926年に国の直轄事業に引き継がれて、今日なお続けられている。

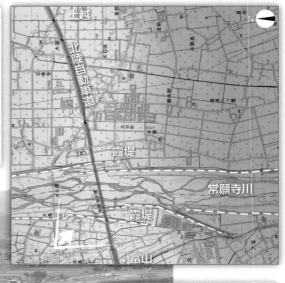

霞堤

堤防は一旦途切れてはいるが、前後の堤防がある程度の重なりをもって築かれているのが霞堤の特徴である。この場所では約600mにわたって、堤防が二重になっている。堤防と堤防の間は水田や砕石工場になっている。常願寺川には現在14カ所で霞堤（不完全なものを含む）が見られる。

避溢橋（ひいつきょう）

河川の敷地内に架かっている常願寺川橋と連続して、堤防の内側（居住地側）に長さ306mの大島高架橋が架かっている。この部分は、万一の河川氾濫の際に高速道路の土盛りが土手となって水を滞留させてしまわないように、意図して高架で設計したもので、避溢橋と呼ばれる。北陸地方には同様の地形条件が多くあり、北陸自動車道では避溢橋が13カ所設けられている。

北陸自動車道

富山IC →

大転石（だいてんせき）（西大森）

大鳶崩れで押し流されてきた直径数mの巨石が、常願寺川扇状地のあちらこちらに残されている。写真の大転石は堤防の一部に取り込まれている部分が本体で、後の大洪水の際には水害を防いだことから上に石が載せられて水神様が祀られている。

様々な堤防

人は水の流れを制御しようとして、堤防を築いてきた。川の両側に築かれた堤防は、洪水の時でも川から水が溢れないようにするためのものである。言い換えると、川の流路や範囲を人が定めて、その中に川を押し込んできたのである。堤防が川と人の世界の境界線ともいえる。

今日のような重機のない時代に築かれた堤防には、川に対していささか遠慮がちな趣きがある。水勢に逆らわない

ような形をしたり、時には河川敷を広く取った位置に堤防を築いたりしている。そうした先人の工夫は空から眺めるとよくわかる。また、川と川と分離（整理）して水の混流による氾濫を防ぐ堤防や、河口での水の流れをスムーズにする導流堤など、特定の役割を持って築かれた堤防もある。ここでは、霞堤（14ページ）、干拓地の堤防（36ページ）以外の、様々な堤防を見ていこうと思う。

御勅使川の竜岡将棋頭

戦国時代の武将・武田信玄が進めたとされる治水事業の一つで、釜無川支流の御勅使川の流路を固定し、堤内の集落や水田を守るために築かれた。上流に向かって鋭角に尖った形が将棋の駒に似ていることから将棋頭と呼ばれている。現在は治水が進んで流路が固定されているが、当時の御勅使川はいくつもの分流に分かれ、将棋頭の場所に流れが当たっていた。（山梨県韮崎市）

富士川の雁堤

江戸時代初期、富士川の氾濫をなんとか治めたいとして築かれた堤防。富士川が谷間から平野に出るまさにその場所を囲むように、ジグザグに折れ曲がった形をしている。その形を雁の群れが飛ぶ姿に例えて、雁堤の名がある。河川敷（高水敷）の幅は広い所で900mもある。川の流路を固定するというより、この範囲であれば自由に流れてもかまわないから、せめて堤防は越えないでほしいという願いに近いものが感じ取れる。建設にあたって、旅人を人柱にしたという伝説も残る。（静岡県富士市）

東名高速道路

長良川と揖斐川の油島千本松締切堤

江戸時代中期、長良川と揖斐川の流路を分けるために築かれた堤防。人力に頼るしかなかった当時は難工事で、それを幕府が薩摩藩に命じてやらせたことから、幾多の犠牲と悲劇が生まれた。近くには、工事責任者の家老・平田靱負（ゆきえ）はじめ犠牲となった薩摩藩士を祀る治水神社が建てられている。こうした川と川の間仕切りとして築かれた堤防のことを、背割（瀬割・せわり）堤という。（岐阜県海津市）

治水神社。薩摩島津家の家紋が掲げられている。

早月川の五厘堤

早月川が山間から平地に出る位置にあたり、流路を固定するために重要な役割を果たしている堤防。長さは200m、高さは5mある。現在の石堤が築かれたのは1896年のことで、川側の堤防法面を5厘（堤防の高さを1とした時の水平長が0.05の比率）という非常に急な傾斜としたことからこの名が付けられた。川に対してそそり立つような角度の石造の堤防は他に例が見当たらない。（富山県滑川市）

櫛田川の河口突堤

土砂が堆積しやすい川の河口部に、海まで水がスムーズに排出できるようにしたり、水流を速めて堆積が起こりにくくするために築かれるのが導流堤である。櫛田川の河口部には干潟が広がっているが、幅4m、長さ610mの玉石積みの突堤を築いて川の流れを誘導している。戦前、三重県が行なった流域の治水工事に合わせて、1933年頃の建設と思われる。（三重県松坂市）

大河津分水

おおこうづ

川の氾濫をなくすためには洪水で流れる水の一部をどこかに持って行ってしまえばいい。そんな願いを土木事業によって形にしたのが、分水である。川の水を分けて別の水路に流し込むことで、場合によってはそのまま海まで流してしまう。特に丘陵や砂丘が川の流路を遮っている場合、人工的に分水路を開削して、海に短絡させることで、大幅に水害を減らすことが期待できる。

信濃川の大河津分水路は河口から約60km地点に設けられた分水路で、洪水を直接日本海に排出する河川のバイパスの役割を果たしている。1909年から工事が始められ、延べ1000万人が従事する難工事の末、1931年に可動堰で水量調整を行なう現在の形が完成した。今日の新潟平野の水害対策においては欠かせない存在だ。また、下流の水量を減らすことで水田の乾田化にも貢献することにもなった。

分水路

長さ10kmの分水路。信濃川の流路が北東へ向きを変える地点をうまく選んで作られていて、上空から見ると水の流れが自然に分水路側に向かい、むしろ本川の方が分岐していくような形になっている。弥彦山塊を開削した部分では地滑りが発生し、難工事となった。開削で出た土砂は、現JR越後線の土手構築や、円上寺潟や源八新田などの埋め立て(客土)に使われて、地域に副次的なメリットももたらした。近年、流路の拡幅や川底の補強工事が進められている。

分水路可動堰

6門のゲートを操作し、分水路に流入する水量を変化させることができるようになっている。軸を中心に扉体(ひたい)を回転させて調整するラジアルゲートに、板を倒したり起こしたりして調整するフラップゲートが付随した構造になっていて、この2種類のゲートによって水量を細かく調整し、平常時、渇水時、洪水時に対応している。

佐渡島

大河津分水

信濃川

上流

猿橋川

弥彦山塊

双耳峰の弥彦山（左：標高634m）と多宝山（右：標高同）を主峰とする山並みで、新潟平野の西縁、日本海沿いに南北30kmに渡って連なっている。弥彦山塊に囲まれた内海に土砂が堆積することで平野ができたわけで、新潟平野形成の立役者である一方、海沿いに屏風のように聳え立っていることで西蒲原地方の排水の障害ともなった。山塊の一部を開削した大河津分水の他にも、排水用の水路トンネルが何本も掘られている。

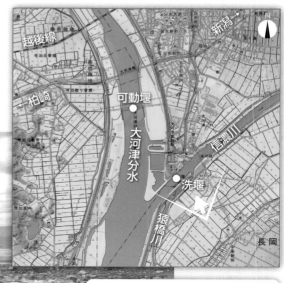

日本海 ←

自在堰跡
信濃川大河津資料館 ●

西川揚水機場

河口
（新潟）→

西川

信濃川から分かれて流れる派川（はせん）で、西蒲原地方を流れて、下流で再度信濃川に合流する。西信濃川とも呼ばれていた。かつては舟運が盛んで、巻、吉田、曽根などの町が栄えた。河道に沿って自然堤防が発達し、一度氾濫を起こすと周囲の低平地に浸水被害をもたらす存在だったが、今ではゲートによって水量が管理されている。

洗堰

洗堰とは堰の上を水が越えて流れるようになっている堰のこと。大河津分水では信濃川の本川側に設けられていて、水を分水路に誘導するようになっている。洗堰は能動的に動かすことができないので、水量の調整は専ら分水路側の可動堰を操作することで行ない、平常時には、洗堰を越えて毎秒約270㎥の水を本線の下流側に流している。洪水時には洗堰の水門を完全に閉じて全水量を分水路に流すこともある。

横田切れ

1896年7月の洪水の際、この地点で信濃川の堤防が300mに渡り決壊し、大水害を引き起こした。その被害は、浸水面積180㎢、死者43名、家屋の流出浸水は6万5000戸に及んだ。収穫前の農作物が全滅したことで飢饉となり、また水害後の不衛生な環境で伝染病が流行するなど、二次被害も深刻だった。この大水害をきっかけとして大河津分水建設が促進された。

閘門と魚道

洗堰の上下流では3m程の水位差があるため、船で越えることはできない。そこで作られたのが閘門である。閘門には上流側と下流側にそれぞれ扉があり、それら間の閘室（こうしつ）と呼ばれる場所に船を入れた状態で水位を上げ下げして、船が通航できるようになる。大河津洗堰の閘門の通過には約30分かかる。また、魚が洗堰の上下流を行き来できるように、水路を階段状にした魚道も設けられている。

洪水の時に一時的に川の水を逃がして貯留できる場所があれば、氾濫は起こりにくくなり、水害を防ぐことができる。山間部ではダムがそうした機能を果たすが、ダムを作ることができない平野部では、遊水地を作ることになる。また、川の合流地点や狭隘部手前などの元より氾濫しやすい場所を、無理に開発するのではなく、遊水地として低利用に留めておくことは、氾濫を起こしても被害を最小限に留める

という防災上の合理的な選択でもある。

近年、平野部での豪雨が増えていることや、過度にダムの治水能力に頼るのではなく流域全体で氾濫を防ぐ工夫を行なっていく流域治水の考えによって、遊水地の役割が見直されている。一方で、氾濫を起こしやすい場所は予め川幅を広げておいて水を遊ばせておくという発想自体は江戸時代初期には既に見られる。

轡塘
（くつわども）

緑川と御船川の合流地点付近だけ、堤防が大きく膨らみ、河川敷の幅が大きく取られている場所がある。洪水時に河川の合流地点での水の滞留を受け止めるための工夫だが、これが作られたのは江戸時代初期、熊本を治めた加藤清正の治水政策によるものだと伝わっている。付近には他にも、清正堤、大名堤などの加藤清正の治績が伝えられている。（熊本県熊本市）

緑川

一関遊水地
（いちのせき）

岩手県の内陸部に小平野を連ねながら南へ流れ下ってきた北上川は、平泉付近で勾配が緩やかになり、一関市狐禅寺付近で流れる方向を90度曲げて東へ向かうと、山間に入り川幅を狭める。そうした場所に支流の磐井（いわい）川が合流してきて、水の滞留を引き起こす条件がいくつも重なっている。一関市では1947年のカスリン台風と翌年のアイオン台風の際の洪水により大水害が発生し、その対策として遊水地が計画された。三つの遊水地から成り、総面積1450haは日本有数の大きさを誇る。（岩手県一関市）

一関市街地　遊水地　千歳橋　北上川

仙台　一関市街地　東北新幹線　盛岡

遊水地を横切る東北新幹線の第一北上川橋梁は全長3868m、日本の鉄道橋で一番の長さを誇る。

品井沼遊水地

品井沼の干拓工事（30ページ参照）は江戸時代半ばの元禄期から進められ、排水トンネルの建設や、鶴田川と吉田川の河川整理など、長年にわたって様々な事業が行なわれてきた。だが、1958年の洪水で鶴田川の堤防が決壊してしまい、氾濫を完全になくすことは不可能であった。自然の脅威を前に、一度干拓した品井沼を河川氾濫時には復活させることにしたのがこの遊水地であるといえるだろう。（宮城県大崎市）

浜尾遊水地

阿武隈（あぶくま）川が支流の釈迦堂川と合流する手前に設けられた遊水地で、ここで本流の水位上昇に合わせて支流の釈迦堂川の水位が上がって氾濫することを防ごうとした。阿武隈川がS字に蛇行していた部分を直線化するとともに、左岸側に遊水地を作った。こうした対策にもかかわらず、2019年の台風19号の水害を食い止めることはできなかった。（福島県須賀川市）

母子島遊水地

小貝川と大谷川の合流部に位置する遊水地。1986年の小貝川の水害で大きな被害を受けた母子島・飯田・一丁田・椿宮・小釜の五つの集落が協力し、土盛りをして周囲より5m高くした造成地（旭ヶ丘）に集団移転して、跡地を遊水地とした。下流域の抜本的な水害対策になっている。常時水が溜まっている初期湛水池は、朝日が筑波山の双耳峰の間から登る「ダイヤモンド筑波」の鑑賞スポットとして有名になっている。（茨城県筑西市）

川の立体交差

　道路や鉄道は人工物なのでそれぞれ互いに立体交差するように建設できるが、自然界で川が立体交差することはまずない。だが、排水や用水などの人の都合で川を跨いで水を流したい場合がある。そうした時は川底に水路トンネルを掘ったり、水路橋を架けて水を通したりして、人為的に川の立体交差が作られる。

　新潟平野を流れる新川は、湖沼地干拓の排水路として、

江戸時代に掘られた人工の川である。鎧潟の水を日本海まで導く経路の途中で自然河川の西川と交差したため、西川の下に新川を通して立体交差させている。

　川の立体交差には、「カルバート」や「サイフォン」などの技術用語がそのまま呼称に使われることがある。田川カルバートや、品井沼の干拓で作られた吉田川サイフォン（30ページ）がそうした例である。

金蔵坂堀割

西川との立体交差と並んで新川開削にあたっての難所となったのは、海沿いに立ちはだかる高さ20mの新潟砂丘を掘り割る箇所である。掘った土砂は、もっこや普請（ふしん）籠と呼ばれる籠に土を入れて人力で運び出した。直接作業をする人々に加え、見物客が大勢集まったといい、江戸時代の作家の十返舎一九も見物に訪れている。こうした人々を相手に商業が発達したのが、内野の町の元といわれている。

西川の自然堤防

新川開削の行く手を遮った西川は、西蒲原地域の低平地にあって、自然堤防を作って一段と高い位置を流れている。自然堤防上には古くから集落が発達し、水はけがよいことから畑として利用されている。新潟平野では微高地を「山（ヤマ）」と呼び習わしているが、この微高地も高山という地名である。

田川カルバート（滋賀県長浜市）

伊吹山地から流れ下る姉川と高時川は、山地からの土砂を運び、琵琶湖岸の平野に至っては自然堤防を築いて流れている。そのため、姉川と高時川の合流地点では2本の川の自然堤防に囲まれた窪地ができてしまっている。この窪地を流れているのが田川で、元々は姉川に合流していたが、洪水時には本流の水流に押し負けて逆流した水が氾濫を起こしていた。そこで高時川の川底に水路トンネルを建設して、琵琶湖に直接排水するようにしたのが田川カルバートである。カルバートとは埋設する暗渠管（あんきょかん）を意味する。

日本海

内野駅

新川

西川

砂丘上の住宅街

砂丘上は元々は畑が広がっていたが、1964年の新潟地震、1968年の新潟大学のキャンパス移転をきっかけに急速に宅地化した。従来からの集落は砂丘の麓に形成され、1912年開通の越後線も砂丘の崖線に沿って建設されている。従来の市街地と砂丘上の住宅地とを結ぶ道路の高架橋が何本も鉄道を跨いでいるのが見える。

川の立体交差

江戸時代の新川開削時には、2本の木製の樋管（ひかん）で西川の底を通していた。木製の樋管は朽ちやすくしばしば改修が必要であったことと、樋管の太さが限られているため排水のボトルネックになり、1913年には、コンクリートと煉瓦の9門のアーチ型トンネル（新川暗閘（あんこう））に造り替えられた。現在のトラス橋は3代目にあたり、1955年に架けられたものである。

新川

新潟平野西部の西蒲原地域は、信濃川の分流の中ノ口川や西川の後背湿地にあたり、かつては鎧潟・田潟・大潟といった湖沼や湿地が広がっていた。これらの湖沼は、洪水のたびに増水しては氾濫を繰り返していた。そこで、江戸時代後期に排水路として掘られた人工の川が新川である。開削には6万両の経費と延べ365万人もの農民が作業に従事して、1820年に完成した。延長は13.5kmである。

新川右岸幹線排水路

海抜が0m以下の「ゼロメートル地帯」の排水には新川による自然排水では不十分で、動力を人力に頼らざるを得なかった時代には足踏みの水車で水を新川に汲み出していた。今日では、排水機場を設けてポンプで排水している。写真右側の新川右岸幹線排水路が、左側の新川より水位が低くなっているのがわかるが、約2mの水位差がある。

水路式水力発電

水力発電は、水が高い位置から低い位置へ流れ落ちる際のエネルギーで水車を回して発電をする方法で、落差の作り方によって「水路式」「ダム式」と、両者を組み合わせた「ダム水路式」がある。このうち水路式の水力発電は、取水口で取水した水を川の勾配よりもはるかに緩やかな勾配の水

路で下流に導き、落差が得られるところで一気に落としてエネルギーを得る発電方式である。

信濃川流域の十日町市から小千谷市にかけて設けられているJR東日本の水力発電設備群は、取水口から最終的な放流地点までの距離が約30kmもある日本有数の水路式水

宮中取水ダムと宮中取水口

発電は信濃川から水を取り入れることから始まる。その役目をするのが宮中取水ダムで、信濃川を塞き止める長さ330mのダムである。完成は1938年。取水された水は長さ350m、幅121m、深さ5.2m、3レーンの沈砂池に通され、ここで水中に漂う土砂を沈殿させる。沈砂池は、水面に空の雲を映すくらいに流れが緩やかで、静穏であることがわかる。土砂を取り除かれた水は、内径6.82mの水路トンネル2本で浅河原調整池へと送られる。（新潟県十日町市）

浅河原調整池
（あさがわら）

千手発電所に送る水を一時的に貯めておく池で、急に増大する発電量に対応できるようにしている。信濃川の支流の浅河原川を高さ37m、幅314mのダムで塞き止めている。このダムはアースダムという土を固めて築く形式だが、その突き固め作業に手間取り、着工から14年かかって1945年に完成している。工事のほとんどは人力に頼ったが、日本で初めて土木工事にブルドーザー（アメリカからの輸入品）を導入した例でもある。（新潟県十日町市）

千手発電所

信濃川左岸の段丘崖を利用して作られた水力発電所で、5台の発電機で最大12万kWの発電能力を持つ。1939年に発電を開始している。3km離れた浅河原調整池から水圧をかけて水を導いている。段丘の上に二つあるタンクはサージタンクと呼ばれ、非常時に水圧を逃がす役割を果たす。そこから5本の水圧鉄管が伸び、それぞれの発電機に水が送られる。発電し終わった水は17km下流の小千谷発電所へと送られて、再び発電に利用される。（新潟県十日町市）

真人沢水路橋
（まっとざわ）

千手発電所で放流された水を小千谷発電所へ運ぶための水路が17kmに渡って通じている。位置エネルギーをできるだけ温存しておくために水路の勾配は非常に緩やかに設計され、17km進んでもわずかに10mしか下がらない（1万分の6勾配）。水路のほとんどはトンネルだが、真人沢川の谷には水路橋が架けられている。2本の水路橋のうち写真奥が1951年完成の第3期工事のもので、手前が1969年に増設された第4期工事のものである。（新潟県小千谷市）

力発電の設備である。総称して信濃川発電所と呼ばれている。大正時代に構想されて以降、鉄道省〜国鉄〜JRへとその時々の組織に引き継がれ、設備が増強されてきた。最終的に5期の工事を経て、現在の姿になっている。千手・小千谷・新小千谷の三つの発電所がある。全体の高低差は

120mあり、水の位置エネルギーを2段階発電でほぼ余すところなく利用している。信濃川発電所で作られた電気は主に首都圏に送られて、通勤ラッシュ時の電車を動かす電力として使われている。年間総発電量は12.5億kWh（JR東日本グループレポート2020）にもなる。

山本調整池

小千谷市に、上から読んでも下から読んでも同じになる山本山という山がある。その山裾に、高さ10mの土手を1kmに渡って築いて水を貯められるようにしたのが山本調整池である。水深7mあり、100万㎥の水を貯めることができる。この調整池の直下に小千谷発電所があり、水圧鉄管で水が送られる。（新潟県小千谷市）

山本調整池の連絡水槽

水路から直接発電所に送水、貯水池へ送水、貯水池から取水の三つの役割を果たしている。半円を描く水流が美しい。写真右下に見える円い穴は余水吐き（よすいばき）と呼ばれ、不意の水位上昇時に水が溢れ出さないようにするための設備である。

小千谷発電所

山本調整池との間の落差48mを利用して、5台の発電機で最大12.3万kwの発電能力を持つ。1951年に発電を開始している。調整池から自然に流下してくる水を発電に使うことから、千手発電所のようなサージタンクは設けられていない。この発電所が2段階発電の終着点となり、発電し終えた水は信濃川に放流されている。1990年には隣接して新小千谷発電所が増設された。（新潟県小千谷市）

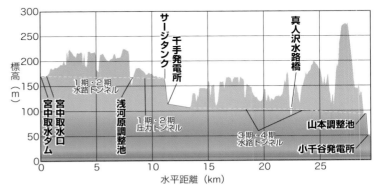

信濃川発電所水路（1期〜4期）断面図

掘り上げ田と掘り下げ田

　湖沼地や低湿地の新田開発の方法に掘り上げ田がある。湖沼の中に溝を掘り、水をそこに落として排水すると同時に、溝を掘った際の余土を盛り上げて水田を造成した。溝になった部分は耕作ができないので、掘り潰れと呼ばれる。

　積み上げる土の量は溝を掘った量と同じだから、耕作地になる部分は土地全体のざっと半分程度である。効率の悪い方法に思えるかもしれないが、人力に頼るしかなかった江戸時代では、一大土木事業であった。そうまでして拓いた貴重な水田である。

　掘り上げ田と掘り潰れは互いに隣り合って作られ、それらが連なって櫛の歯状の景観を作り出した。かつては日本各地で見られたが、耕地整理や乾田化事業が進み、現在も残っているのはわずかである。埼玉県加須市北辻には、そうした掘り上げ田の痕跡が今も見られる。

掘り上げ田

江戸時代初期の新田開発で造成されたようで、正保年間（1645〜48年）に村の石高が増加した記録がある。土を積み上げた分だけ土地が高くなっているため、乾田化されてしまった現在では水面が低下し、水路からポンプで水を汲み上げている。

自然堤防跡

利根川の氾濫原だった頃に形成された自然堤防の跡で、微高地となっているため集落が立地している。低平地の中の微高地上は一般的には畑地になることが多いが、ここでは細長く伸びる自然堤防跡をうまく利用して新川用水が開削されたことで、水田が拓かれている。

掘り潰れ

この地方では田堀と呼ばれている。かつては深さが2m程あり、刈り取った稲を小舟で運搬するために利用されたこともあったようだが、今では堆積が進んで葦が茂るまで浅くなっている。田植え前の代掻き（しろかき）の頃には、水が張ってある場所が田で、青々と草が生えている場所が掘り潰れという変わった景観が見られる。

五ヶ村落堀
（おとしぼり）

関東平野の低平地では、水田からの排水路を「落堀」もしくは単に「落」と呼んでいる。五ヶ村落堀の名称は、沼地を囲むように立地している小浜・大室・油井ヶ島・辻（今の北辻）・今鉾の五ヶ村が共同で開削をしたことにちなんでいる。北辻の掘り潰れの水もここにつながっている。付近には、他に三ヶ村落堀（埼玉県白岡市）、外谷落、磯沼落（いずれも久喜市）などがある。

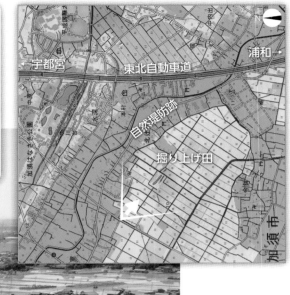

掘り下げ田（千葉県神栖市）

掘り上げ田があれば、逆に掘り下げ田もある。掘り下げ田とは、砂丘や干拓後に残った微高地などで行なわれた新田開発の方法で、地下水脈に達するまで土地を数m掘り下げることで水を得て作った水田のことである。土の壁で囲まれたような田んぼが、掘り下げ田の典型的な景観だ。壁の上辺が、掘り下げる前の元々の土地の地表面である。空から見ると凹凸が強調されて、まるでワッフルのような模様が広がる。

藤蔵新田
とうぞう

新潟平野の西部、水田が広がる低平地の中に円い微高地がまるで島のように浮かんでいる。かつてこのあたり一帯には乳の潟と呼ばれる沼地が広がっていて、微高地の部分は沼の中に浮かぶ島だった。耕地整理された今日でも、乳の潟の大まかな形を掴むことができる。田に水が入る春先には、乳の潟が復活したかのような光景が広がる。

江戸時代後期、近隣の赤塚村の庄屋であった石黒弾右衛門が乳の潟の新田開発を手掛け、それを引き継いだ中原藤蔵が完成させた。島の部分に赤塚村から4軒が分家・入植し、中原藤蔵にちなんで藤蔵新田と名付けられた。

空撮写真には、藤蔵新田の他に、成立した時代が異なる二つの集落も写っている。江戸時代初期までに成立した「郷屋」集落と、平成のニュータウンだ。これらを歴史の古い順に並べると、まず自然堤防上の微高地に集落ができ、

ニュータウン

1992年から宅地造成が始まったニュータウンで、約1000戸2500人が暮らしている。造成前の字名はカタハタ（潟端）で、乳の潟の端に位置していた。宅地造成にあたっては水害対策として人工的に土盛りを行ない、地盤を周囲より1.8m高くしている。

島

かつての乳の潟に浮かんでいた島で、地元では今でも「シマ」と呼んでいる。古くから人の営みがあったらしく、鎌倉時代から室町時代にかけての陶磁器が出土している。島には弁財天が祀られていて、赤塚村からの参道には弁天道の名称が残っている。土壌は砂地で、畑では特産の赤塚大根が栽培されている。

防風垣・防風林

季節風を防ぐために、家や畑の西側には篠竹やカシの木などが植えられている。

その後湖沼地が排水され新田開発された。そして、平成になって人工的に土地を嵩上げしてニュータウンが建設された。低平地に人が住む時、水害を避けるために少しでも高い場所を探して住もうとする。時代が変わってもそうした営みは変わらないが、その時々の技術力によって次第に土地が拓かれていく様子を一目に眺めることができるのは面白い。

小見郷屋・勘助郷屋

西川の自然堤防上に位置する集落で、湖沼や湿地が広がるこの地域の中でいち早く成立した。新潟県内には郷屋、興屋(こうや)、興野(こうや)などの付く地名が数多くある。これらは戦国時代から江戸初期にかけて開墾された集落で、小見郷屋にも慶長14(1609)年の開発許可の古文書が伝えられている。

西川

金刀比羅社

広通江（広通川）

かつては千間江(せんまえ)と呼ばれていた。この地域の低平地の排水路として活用されてきた川で、乳の潟をはじめ早潟、田ノ尻潟などの新田開発の際に大きな役割を果たした。新川に合流して、日本海へと注いでいる。自然堤防を持っていないため、川に沿っての集落は発達していない。

水田（乳の潟跡）

江戸時代の新田開発は、湖沼地の開拓で多く見られる掘り上げ田の方法で行なわれ、1961年に耕地整理が行なわれる前までは櫛の歯状の特有の景観を見せていた。オオド、コウド、サクエと呼ばれる水路が張り巡らされていて、耕作地との行き来には小舟が用いられていた。

29

品井沼干拓と元禄潜穴<ruby>潜穴<rt>せんけつ</rt></ruby>

　仙台平野の北部、松島丘陵と大松沢丘陵（鹿島台）に挟まれた低平地は、今は一面の水田地帯となっているが、かつてはここに品井沼という沼があった。松島湾から直線距離で6km内陸に入った位置にありながら、標高は3～5mほどしかない。東側には鳴瀬川が流れていて、そこに吉田川が合流して、地形的に水が氾濫・滞留しやすい条件が揃っている。できるべくしてできた沼沢地といえる。

　江戸時代半ばの元禄期に、品井沼の水を抜いて新田を開発する計画が立てられた。そのためには松島丘陵を貫いて沼の水を直接海に排水するしかない。その排水事業を、水路トンネル（潜穴）の建設によって成し遂げたのが品井沼干拓の元禄潜穴である。丘陵地帯の谷あいに一定の間隔でずり出し穴（竪坑）が並んでいるのを空から見渡しながら、当時の難工事をしのんでみよう。

吉田川サイフォン

1917年から1940年にかけて、品井沼に流れ込んでいた鶴田川の流路を沼から切り離し、同時に沼に入り込む水を排除するための承水路として再整備する工事が行なわれた。この工事では、自然堤防を作って品井沼より高い場所を流れている吉田川の川底に水路を通す必要があり、サイフォン（伏越し（ふせごし））が作られた。川と川が立体交差している。

明治潜穴

明治時代、建設から200年経った元禄潜穴では改修を重ねても排水能力が足りず、新しく排水路を建設する必要が出てきた。その際、内務省は難工事であることから事業そのものに難色を示したが、地元農家たちが組合を作って開削を成し遂げた。当時皇太子だった大正天皇が東北地方行啓の折、鉄橋の上で専用列車を1分間停めて工事を視察したというエピソードも残っている。1910年に通水した。

元禄潜穴

品井沼排水のために掘られた水路トンネルで、江戸時代半ばの元禄期に5年間の難工事の末、完成された。長さは2.5kmあるが、品井沼側の入口と高城川下流の出口の標高差はわずか1m程しかなく、この緩勾配に水を通すためにトンネルにしたと考えられている。また、旧仙台藩領では江戸時代初期から水路トンネルの建設例があり、技術が伝承されていたという背景もあった。

大松沢丘陵

品井沼干拓地

松島丘陵

東北本線

東北本線旧線

仙台

見どころ	・品井沼を干拓するために建設された水路トンネルで、ずり出し穴が点々と連なっている。 ・品井沼干拓と水害防止のために明治潜穴や吉田川サイフォンなど様々な土木施設が作られてきた。 ・元禄潜穴に並行する道路は東北本線の旧線跡（廃線）で、松島丘陵は鉄道にとっても難所だった。

穴頭 (あながしら)

元禄潜穴の品井沼側入口で、入口が2条見られる。ここまでの1.7kmは穴川（北部平堀）を開削して水を引いている。元禄潜穴の建設はのべ10万人が動員された難工事で、潜穴の中で作業者を溺死させた惨事や、暴風雨で品井沼が氾濫し通水の日に藩主のご臨席を仰ぐことができなかった工事責任者が自刃するなどの物語が伝わっている。

一ノ関 →

東北本線旧線（廃線跡）

松島丘陵は仙台平野を南北に分けていて、交通路にとっては越えなければならない難所となっている。1890年に開通した東北本線は現在の利府駅からさらに北進して丘陵地帯に分け入るルート（旧線）だったが、急勾配のため、岩切駅から海側へ迂回する現在のルートが新しく建設された。旧線は1962年に廃止された。廃線跡の根廻（ねまわり）トンネルは、道路に転用されて通ることができる。

根廻トンネルは長さ168m、煉瓦造りで、壁柱などの各部位が備わった典型的な様式の坑口をしている。

ずり出し穴（竪坑）(たてこう)

竪坑を掘り、竪坑の底からそれぞれ横に掘り進めて水路を貫通させるという方法で、2.5kmのトンネル水路を完成させた。横へ掘り進める際の余土（ずり）を出したことから、ずり出し穴と呼ばれている。空撮写真からは4カ所のずり出し穴が確認でき、それぞれを結んでいくと水路トンネルのルートを推定できる。こうした工法は、世界の乾燥地域に見られるカナート（カレーズ）と呼ばれる地下水路と同じものである。

中国・新疆（しんきょう）ウイグル自治区ハミ市近郊のカレーズ。竪坑の盛り上がりが点々と続いている。

保倉川の旧河道と大瀁新田

　新潟県西部の上越平野は、海沿いに砂丘が形成されている典型的な海岸平野で、砂丘の後背地は水はけが悪く、湖沼や湿地となっていた。現在は水田が広がり穀倉地帯となっているが、それらの大部分は、江戸時代初期に新田開発されるまでは湖沼地であった。

　こうした上越平野の地勢の中で特徴的なのは、細長い微高地が北西から南東にかけて伸びていることである。しか

も、その微高地の中にくねくねと屈曲を繰り返す水田が作られている。この地形は保倉川のかつての流路跡で、微高地は自然堤防の跡である。湖沼に挟まれた土地の中で貴重な高台で、古くから集落が立地した。蛇行した河道跡は、凹地で水が得やすいため水田として利用されて、地形がそのまま残されている。保倉川が現在の流路に変わったのは今から4400年ほど前の縄文時代だと推定されている。

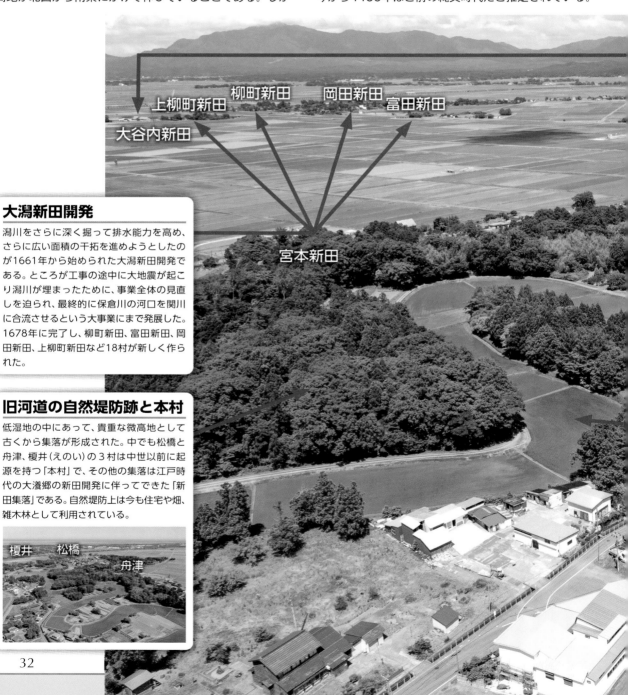

大潟新田開発

潟川をさらに深く掘って排水能力を高め、さらに広い面積の干拓を進めようとしたのが1661年から始められた大潟新田開発である。ところが工事の途中に大地震が起こり潟川が埋まったために、事業全体の見直しを迫られ、最終的に保倉川の河口を関川に合流させるという大事業にまで発展した。1678年に完了し、柳町新田、富田新田、岡田新田、上柳町新田など18村が新しく作られた。

旧河道の自然堤防跡と本村

低湿地の中にあって、貴重な微高地として古くから集落が形成された。中でも松橋と舟津、榎井（えのい）の3村は中世以前に起源を持つ「本村」で、その他の集落は江戸時代の大瀁郷の新田開発に伴ってできた「新田集落」である。自然堤防上は今も住宅や畑、雑木林として利用されている。

中谷内新田開発

おおよそ標高が4m以下の土地は、かつて大潟と呼ばれる湖沼だった土地を排水して新田開発を行なった場所である。この新田開発は中谷内新田開発と呼ばれ、1646年から1655年にかけて行なわれた。潟川はこの時に人為的に掘られた排水路で、これによって大潟の水を保倉川に落とした。大谷内新田、大坂井新田など28村が拓かれた。

潟町砂丘と潟川

潟町砂丘は日本海沿いに発達した延長20km、最大幅1km、最大標高30mの砂丘である。これによってできた潟湖（せきこ）が大潟であり、やがて干拓されて現在の上越平野の水田地帯となっている。こうした経緯から、かつての北国街道、現在の国道8号、JR信越本線はこの砂丘上を通っている。北越急行ほくほく線は、このJR信越本線と北陸自動車道を高架で越えた後、砂丘上から一気に低地まで下りてくるダイナミックな線形をしている。潟川は大潟の干拓のために人工的に掘った排水路である。

潟川／潟町砂丘

大瀁新田開発

江戸時代初めに新田開発が行なわれるまで、おおよそ標高が4mより高い土地では、水が得られず荒れ地となっていた。ここに、保倉川の上流部から用水を引いて新田を拓いたのが大瀁新田開発で、1637年から1644年にかけて行なわれた。引いた用水は大瀁用水と名付けられた。大瀁の「瀁」は、水が果てしなく広がっている様子を表わしたり、湿地や深い泥田を意味する。青野新田、北方新田、宮本新田、五十嵐新田など35村が拓かれた。

大坂井新田　青野新田　北方新田　五十嵐新田

旧河道・蛇行跡の水田

旧河道の蛇行の跡がそのまま水田と利用されていて、地元ではサンバイまたはサンベーと呼ばれている。元々川の跡だっただけあって水が得やすく、一方で、適度に水はけがよい。そのため良田として古くから耕作されてきた。サンバイの水田は、自然堤防上に立地する松橋と舟津の二つの集落が中世以前から開発してきたもので、江戸時代に拓かれた「新田」集落とは来歴が異なっている。

（地図）柏崎　潟川　北陸自動車道　上柳町新田　大谷内新田　岡田新田　富田新田　上越　上越市　宮本新田　北方新田　大坂井新田　旧河道

渋海川の瀬替え

渋海川は信濃川の支流の一つで、東頸城丘陵を南から北に縦貫して流れている。特に長岡市小国町原付近から上流部にかけては、地盤の隆起によって川の蛇行がそのまま地面に食い込むような、穿入蛇行が見られる。蛇行する河道によって囲まれた半島状の地形のことを地理用語で蛇行山脚と言うが、この地域では「島」と呼ばれている。

山に囲まれたこの地域で、平地を確保して、新田を開発する手法として盛んに行なわれたのが瀬替えである。蛇行山脚の付け根の部分を人為的に切り崩して流路をショートカットさせ、蛇行部分の、それまで川底だった土地を水田にしたのである。江戸時代中期から昭和初期にかけて、渋海川の延長80kmで、約50カ所の瀬替えが行なわれたという。瀬替えの跡は今も水田が円弧状に並んでいて、空から見るとはっきりとわかる。

苔野島城跡（茗ヶ島）

茗ヶ島は渋海川の右岸から伸びる蛇行山脚の一つで、鎌倉時代以降この地を支配した小国氏が要害を築いた。大字に従って苔野島城と呼ばれている。かつてはこのあたりまで船が遡航していたようで、船着き場が設けられていた。星野新田の開発時の瀬替えによって、城跡が分断されている。

佐渡ヶ島

瀬替え

渋海川の流路を短絡化した部分。瀬替えを行なった当時はトンネルを掘って水を流していたが、やがて崩れ落ちて現在のような切通しの形になった。切通しの壁面に露頭が白く見えている。このあたりは泥岩や砂岩からなる魚沼層群と呼ばれる比較的若い地層で、切り崩しやすい。このことも渋海川で瀬替えが盛んに行なわれた要因である。

渋海川

宮川新田

柏崎の豪商・宮川四郎兵エが拓いた新田。瀬替えのために掘り抜いた長さが比較的短くて済んだことから、星野新田よりも100年以上前の、1735年には既に開発されていた。宮川四郎兵エは下流の原集落でも新田開発を行なっている。

渋海川

↓長岡市街

403

苔野島集落

星野新田

江戸時代末の1863年に、柏崎の豪商・星野藤兵衛(とうべえ)が瀬替えを行なって拓いた新田。こうした商人が投資をして新田開発を行なうことを町人請負新田といった。星野藤兵衛は戊辰戦争時にいち早く官軍側に兵糧を提供したことから、柏崎では町を戦火から守った偉人としても知られている。

うるしやま

八郎潟干拓地の水循環

現代の日本の稲作では、収穫時には水を落とす乾田が一般的である。乾田では、稲の成長に必要な水を田に配る用水と、不要な水を田から落とす排水の、用排水の整備が不可欠である。水は高い所から低い所へしか流れないから、取水口が一番高い位置にあり、耕作面があって、それより低い位置に排水路が掘られている。用排水の間にはこうした高低の関係があって、これは、田んぼ1枚を観察しても、

地域の水田全体を俯瞰して見ても、同じである。水田を作るという土木事業は、水を入れて出すための高低差をシステマチックに土地に配置していく営みに他ならない。

八郎潟干拓地は、日本の湖で2番目の広さを誇った八郎潟を干拓したもので、170㎢のほぼ平らな土地が広がっている。この人工の土地にも、用排水の高低差はしっかりと造り込まれている。それを空から見てみよう。

取水口

八郎潟干拓地の水田の用水は周囲の承水路から取水していて、干拓地全体では19カ所の取水口が設けられている。取水口から取り入れた用水は、幹線用水路から小用水路へと枝分かれして水田一枚一枚まで届けられる。その総延長は約550kmにもなり、東京〜大阪間の距離に相当する。

東部承水路
（水面標高0.5m〜1.0m）

承水路とは低湿地の乾地化の際に作られる水路で、一般的には、周囲から流入してくる水を受け止めて外部に逃がすためのものである。八郎潟干拓地の場合は、これに、農業用水を確保するための溜め池としての機能も持たせてある。八郎潟の一部を残して淡水化した調整池とつながっていて、田植えなどで水を多く使う灌漑（かんがい）期は水面標高を1.0mまで上げて貯水する。

中央干拓堤防

干拓地をぐるりと取り囲んでいる堤防で、延長は51.5kmにもなる。堤防の上部が干拓地の中で一番高い場所になる。八郎潟湖底の軟弱地盤に堤防を建設するのは難工事で、堤防上部の幅が2mに対して地中に埋まっている土台の幅が260mに及んでいる箇所もある。

用水

承水路

排水（揚水）

水田（標高-4.6m〜-1.0m）

かつての八郎潟の湖底を農地としているため、地表面が水面より標高が低くなるのが干拓地の特徴である。そのことを実感できるのが、土を盛って作られた大潟富士である。本物の富士山の千分の1のサイズになるよう高さ3.776mに作られているが、この場所は標高が-3.776mのため、頂上に登ってようやく標高ゼロm地点に立てる。

用水と排水

見渡す限り平らに広がる干拓地の水田でも、田に水を入れたり、排水を行なうための高低が巧みに付けられている。一番高いのが用水路で、そこから一段低い位置に水田があり、排水路は掘り込まれてさらに低くなっている。用水路と排水路は隅々まで行き渡るように整然と配置されていて、交わる地点では立体交差になっている。

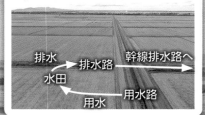

干拓地の土壌

八郎潟干拓地では、土にまつわるエピソードも多い。長年にわたって湖底に溜まった粘土質の土壌が厚く堆積しているため、入植当初は、機械化農業を進めるために導入されたトラクターが泥にはまって動けなくなるなど苦労が絶えなかった。現在でも暗渠排水などの土地改良工事が継続して行なわれている。また、干拓直後は湖底に棲息していた貝の貝殻が一面覆っていて、入植者を驚かせた。今でも貝殻混じりの土が露出している場所がある。

水田

排水

中央幹線排水路

中央幹線排水路（水面標高-6.3m）

水田から排出された水は、小排水路から、支線排水路を経て、最終的に幹線排水路に落とされる。つまり、幹線排水路が八郎潟干拓地の中で一番標高が低い場所になる。幹線排水路は、長さ15.7kmの中央幹線排水路と6.9kmの一級幹線排水路に枝分かれしている。支線排水路と小排水路の総延長は約630kmにも及ぶ。

北部排水機場

中央幹線排水路に落とされた水は自然では排水できないので、そのままにしておくと徐々に水位が上がり、干拓地はやがて湖へと戻ってしまう。そうならないように、北部、南部、浜口の3カ所に排水機場を設けて人為的に排水を行なっている。それらにかかる電気代は年間2億1000万円（2017年度）で、こうして干拓地は維持されている。北部排水機場には4台の大型ポンプが設置され、最大で1秒間に40㎥の排水能力を持っている。

秋田

秋田自動車道

奥羽本線

東部承水路

琴丘森岳IC

中央幹線排水路

東能代

水田の形と大きさの変遷

　広々とした平野一面に四角く整えられた水田が並んでいる。いつの間にかこうした風景が当たり前のものになってしまったが、これは主に1963年から進められてきた圃場整備事業の成果である。農家ごとに水田を集約し、矩形化・大区画化して機械が導入できるようにし、生産性の向上が図られてきた。2003年以降は経営体育成基盤整備事業に引き継がれ、今では日本の水田面積の65％以上が30ａ以上の大区画になっている（2017年）。

　思えば弥生時代に稲作が伝えられて以来、人々は土地を区切って水を引いて米を作ってきた。田んぼの形は、それぞれの時代の土木技術の成果でもあり社会経済制度の反映でもある。四角く大きくを目指してきた圃場整備は、それが行き着いた一つの形である。日本各地の水田の風景を空から見ながら、日本の稲作の歴史を遡ってみよう。

八郎潟干拓地の大規模営農

八郎潟を干拓して1万7000haの新しい土地が生み出された秋田県大潟村では、全国から開拓者を募集して、大規模経営の農業が計画された。そのために水田1枚の大きさは140m×90mで約1.25haに造成された。これは当時全国で進められていた区画整理が標準としていた30ａの約4倍の面積に当たる。そうした大区画の農地が12区画、合計15ha（追加分を含む）が各農家に割り当てられた。

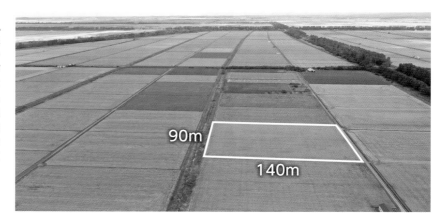

耕地整理　（鴻巣式）

戦前の水田の整備は、明治時代の耕地整理法（1899年）によって制度化された。特に、1902年に当時の鴻巣町・常光（じょうこう）村で始められた区画整理は鴻巣式として知られ、今でもその区画が残っている。鴻巣式では30間×10間（約54m×18m）＝1反を田んぼの1区画とすると同時に、耕作用の通路や用排水路を計画的に配置し、農作業の効率化を図るものであった。（埼玉県鴻巣市）

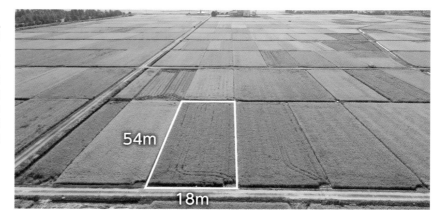

姨捨の棚田

水田は低平地だけでなく、傾斜地でも拓かれてきた。傾斜地では、等高線に沿ってわずかに平らな土地を作り出すのが精一杯で、小規模で不定形な水田が段状に作られる。必然的に区画の数は多くなる。千枚田ともいわれるゆえんである。姨捨の棚田は、標高460mから550mにかけての斜面に拓かれている。全体で1800枚の田があり、その景観は、多くの田がそれぞれに水鏡に月を映す「田毎（たごと）の月」として知られる。（長野県千曲市）

不定形な水田

棚田ほど地形の制約は厳しくないが、土地の凹凸に従うように不定形な水田が広がっている。田の中を流れる沢も曲がりくねっていて自然の川のように思えるが、下流に向かって枝分かれしていて、隅々まで水を行き渡らせることを意図して作られた水路であることがわかる。この地区では、水田がある程度の大きさにまとめられているため、コンバインによる稲刈りが行なわれている。(秋田県男鹿市)

歴史的な地割を残す水田

方形に区画された水田が、奈良盆地一面に広がっている。これらは近年の圃場整備によって作られたものではなく、古く奈良時代の条里制によって作られた地割が、今日まで1300年間、引き継がれてきたものだと考えられている。条里制の地割の痕跡は日本各地に見られ、区割りに付けられた「坪」や「坊」という地名も残されている。近年では圃場整備によって地割が上書きされてしまう所も増えている。(奈良県桜井市)

弥生時代の水田跡遺跡

中西遺跡(奈良県御所市)で出土した弥生時代の水田跡で、今から約2500〜2400年前になる。白く線引きされているのが当時の水田の地割で、1区画あたりの面積は平均約9㎡と極めて小さい。日本の稲作はこうした小さな水田の群集から始まり、四角く大きくを目指して今日まで至っている。

三富新田の短冊形地割

さんとめ

三富新田は上富、中富、下富の3地区の総称で、江戸時代中期の1694年に、川越藩主・柳沢吉保が拓いた。地名の「富」は、論語を出典として、文字通り富める土地になって人々の文化を向上させたいとの願いを込めて名付けられた。この新田開発の特徴は何といっても短冊形の地割で、各農家には幅40間（約72m）、奥行き375間（675m）の細長い短冊形の土地が与えられた。各区画の中は「屋敷・屋敷林」「畑」「樹林」に区分けされ、それぞれが整然と横に並んで帯状に連なって分布している。

江戸時代に行なわれた新田開発には、水田だけではなく畑作地の開墾も含まれ、畑作新田と言い分けることもある。台地で水が得にくい武蔵野台地の開墾では、他の地域でも同じような手法での新田開発が行なわれ、同様の短冊形の地割が見られる。

樹林（ヤマ）

地元では「ヤマ」と呼ばれている。樹種はコナラ、クヌギといった落葉広葉樹やアカマツなどからなる。木々の落ち葉や下草は畑に鋤（す）き込んで肥料として利用した。そのために林の中の落ち葉をかき集める「クズ掃き（ヤマ掃き）」が伝統的に行なわれてきた。また、大きく育った木は薪とするために伐採され約30年で更新されてきた。近年は、住宅開発や大規模な物流倉庫の立地によって、樹林の面積は減少している。

道路（六間道）

新田開発の際に幅6間（約10.8m）の道路を作り、その両側に入植農家の屋敷を配置した。この6間という幅は、当時の主要街道の整備規格とされていたもので、牛馬車が余裕をもってすれ違える幅である。農村の道路としては破格のもので、川越藩が新田開発にかけた意気込みがうかがえる。今日では埼玉県道56号の一部となっている。

木ノ宮地蔵堂

新田開発前からこの地に祀られていた地蔵尊で、原野の中でランドマークの役割を果たしていた。北東に位置しているふじみ野市亀久保からは地蔵街道が通じ、参道であると同時に、まぐさを刈るために入会地へ入る通路でもあった。地蔵街道は地蔵通りとして現在の道路に引き継がれている。

元禄の井戸

三富新田の開発にあたっては、水の確保が一番の問題となった。用水を引く計画はあったものの実現せず、水は井戸を掘って得ることになった。ローム層が厚く覆っているこの地域では、20m以上掘り下げてようやく水が出た。三富地域全体で集合井戸が11本掘られ、そのうちの一つが「元禄の井戸」として多福寺の境内に残されている。井戸を掘ってからも水不足には悩まされ、カヤの葉で体をぬぐって風呂替わりとしたという「カヤ湯」の習慣が言い伝えられている。

畑

ローム層が広がる赤茶けた畑では、サツマイモやネギ、ホウレンソウなどが栽培されている。特にサツマイモは1751年に伝えられて以来盛んに栽培され、地域の特産品となっている。生産者の間で三芳町川越いも振興会を組織し、「富(とめ)の川越いも」としてブランド化を図っている。畑と畑の境界に沿って茶の木が列状に植えられていて、砂塵防止と茶の生産を兼ねている。

屋敷と屋敷林

屋敷は、母屋が南面して建ち、その前庭を作業所、車庫、納屋などが囲んでいる。最近ではこのスペースを利用して農作物の直販を行なっている農家も多い。屋敷の周囲には防風のためにケヤキやスギ、ヒノキが植えられている。上富地区の道路(六間道)はケヤキ並木で知られているが、これは街路樹として整備されたのではなく、屋敷林のケヤキが道の両側に続いて並木のように見えているのである。

豊川用水

田畑を拓く
愛知県豊橋市・田原市

　なだらかに起伏している丘陵地帯に、モザイク模様のように畑が広がっている。まるで北海道のような光景だが、ここは愛知県の渥美半島である。大きく整えられた畑地で収益の大きい農産物や花卉を栽培していて、渥美半島にある豊橋市や田原市は1967年から長年にわたって農業産出額日本一を競っている。夏はスイカ、露地メロン、トマト、スイートコーンなどが、秋から冬にかけてはキャベツやブ

ロッコリーなどが主力作物である。キクやバラを中心に花卉栽培でも日本有数の産地となっている。
　こうした農業生産を支えているのが、豊川用水がもたらす水である。水田ではなく、畑作灌漑の例は日本では数少ない。宇連ダムを起点として渥美半島の先端まで100kmにもなる水路は、地形を巧みに利用して建設され、自然流下だけで水を運んでいる。

表浜の丘陵

渥美半島の南側の太平洋に面した地域を表浜と呼ぶが、標高が50〜70m程の丘陵がまるで半島を貫く背骨のように細長く続いている。この高まりに沿って用水路を作れば、半島の先端まで水が送られ、かつ北側の三河湾沿いの平地に水を分配するのにも都合がよい。渥美半島の地形は用水路を作るのに打ってつけだったのである。

豊川用水

大野頭首工（とうしゅこう）で取水した水を自然流下だけで約100km先の渥美半島の先端まで送っている。そのため用水路は尾根となるような高台を選んで作られ、途中に谷がある場合にはサイフォンの仕組みを使って谷底をトンネルで通している。渥美半島に用水路を引いて農地を拓くというアイディアは、はじめ近藤寿市郎が構想し、1930年に愛知県が『愛知県渥美八名二郡大規模開墾土地利用計画書』をまとめている。この計画はやがて、戦後の食糧増産政策の中で「豊川農業水利改良事業」に姿を変え、1949年に事業に着手、1968年に現在の豊川用水が完成した。

太平洋

伊良湖岬

浜松

豊川用水

42

畑地

豊川用水の建設に合わせて、渥美半島では大規模な開墾事業や既存の農地の土地改良が進められた。大きく矩形に整形された畑が広がっている。写真の地区ではキャベツや葉タバコが生産されている。愛知県は、群馬県に次いで2番目にキャベツの生産が多いが、渥美半島が主力産地となっている。

宇連ダム

豊川用水の水源ダムとして、豊川の支流の宇連川に1958年に建設された高さ65mの重力式コンクリートダム。宇連ダムに蓄えられた水は、少し下流にある大野頭首工から取水された後、水路を通って約100km離れた渥美半島の先端まで送られる。大野頭首工の最低水位は標高68mだから、直線距離で約40km離れているこの地点との標高差はわずか15m程でしかない。

温室栽培

気候が温暖な渥美半島では、昭和の初め頃より温室を使った施設園芸が行なわれてきた。特に戦後、人工照明による菊の抑制栽培の技術が普及すると「電照菊」の一大産地となった。菊との輪作でトマトやメロンの温室栽培も盛んになったほか、バラの生産でも全国トップクラスのシェアを誇っている。

豊川用水は手前の小山の山腹を通っている。平野には一面に温室が建てられている。（愛知県田原市赤羽根町）

温室の手前の畑地には、スプリンクラーによる灌漑施設がある。豊川用水の恵みである。

43

防風林と防砂林

　定常的に強い風が吹く土地では、木を植えて衝立にし、家屋や農地を守ってきた。風を防ぐ林なので、防風林と呼ばれる。海沿いの砂丘地帯では風に乗って飛んでくる砂（飛砂）を防ぐための防砂林、雪国では地吹雪を防ぐための防雪林と、バリエーションがいくつかあるが、樹林を帯状に配して盾代わりにすることに変わりはない。また、個々の家を守る林は特に屋敷林と呼ばれる。道路や鉄道などの管理者が作る防風林もある。

　防風林は地上から見ると普通の林にしか見えないが、上空から地域全体を眺めると、帯状に幾列も配置されているのがわかる。農地の場合、後から植林することもあるが、森林を開拓する際に計画的に防風林帯を残しておくこともある。地域特有の風向きに合わせて、その地域の地割の向きが決まってくることにも着目しておきたい。

櫛挽開拓地の防風林

櫛挽ヶ原は農耕に適さない土地として森林原野が残され、太平洋戦争中には東京第二陸軍造兵廠（しょう）の工場の疎開先となったりした。戦後、食料増産と引き揚げ者入植を目的に本格的な開拓が始まった。関東平野の西部に位置し、冬になると赤木下ろしの空っ風に晒される土地柄で、開拓の際に防風林として計画的に林が残された。埼玉県のふるさとの緑の景観地に指定されていて、保存・活用が図られている。(埼玉県深谷市・寄居町)

庄内砂丘の防砂林

庄内平野の海沿いに細長く伸びる庄内砂丘では、日本海から吹き付ける強風が砂を飛ばし、長く人々を苦しめてきた。飛砂によって家々や田畑が埋まり、ついには人々が逃散して廃村になることもあった。砂丘に植林して飛砂を防ごうとする努力は江戸時代中期の頃より継続して行われ、来生彦左衛門や佐藤太郎右衛門など、植林に尽力した先人の名前が幾人も伝えられている。今では松林の中に畑が拓かれ、水はけのよさを生かしたメロン栽培が盛んだ。(山形県鶴岡市)

遠州灘沿岸の斜め海岸林

静岡県の遠州灘沿岸にも帯状の微高地がいくつも列をなす地形が見られるが、実はこれらは防風・防砂のために人工的に作られた土手である。列が海岸線に対して斜めになっているのが特徴で、風を受け流すようにするための工夫である。(静岡県御前崎市・掛川市)

鉄道防風林

山形鉄道フラワー長井線の羽前成田駅の西側に、衝立のように立つ杉の並木がある。駅の設備や利用者を風から守るために植えられた鉄道防風林だ。羽前成田駅の開業は1922年で、その当時に建てられた木造駅舎が今も使われている。これも防風林に守られてきたからこそだろう。(山形県長井市)

防風林に守られている羽前成田駅。

夏井の稲架木 (はさぎ)

田んぼの中に並木が格子状に配置されていて、一見すると防風林のようにも思えるが、それにしては木々がまばらだ。これは防風林ではなく、収穫した稲を干すための稲架木である。トネリコという種類の木が植えられている。かつては各地で見られたが、コンバインで収穫するようになると不要になり、残されている場所も少なくなった。(新潟県新潟市)

稲架木の利用方法。並木の木々を支柱にして竹を渡して、そこに稲を干す。写真は新潟県村上市で撮影。

45

新潟平野の砂丘列

新潟平野（越後平野）は、本州の日本海側に南北100kmに渡って細長く伸びる海岸平野である。信濃川と阿賀野川の二大河川が大量の土砂を運び込み堆積することで、平野ができあがっていった。海沿いには新潟砂丘が延び、それと並行して内陸にも幾筋もの砂丘（浜堤）が列を成している。多い所では列の数は11にもなる。

砂丘と砂丘の間の低地は水はけが悪く、沼地や湿地となっ

た。集落はおのずから砂丘上や自然堤防などの微高地に立地せざるを得なかったが、それも低地を干拓して田んぼを拓くことが前提だった。

阿賀野川右岸の北蒲原地域では、1731年に阿賀野川の河口が信濃川と分離したことで、湿地の水が抜け、一気に新田開発が進んだ。田植え前、田んぼに水が入ると、砂丘と低地のコントラストが一層くっきりと浮かび上がる。

新潟東港

新潟は信濃川の河口を適地として河港が発達し、古来より海運の拠点として栄えてきた。ところが、分水建設による信濃川河口付近の堆砂の進行や、戦後の経済成長による取扱量の増加から、1969年に新しく東港が開かれた。東港は陸地を掘り込んで作られた掘り込み港で、コンテナターミナルや石油タンクなどの施設がある。また港に隣接して東新潟火力発電所が立地している。

砂丘

砂丘や自然堤防によってできた微高地のことを地元では「山」と呼んでいる。居山の地名もこうした微高地に由来している。集落の高台にある神社に登ると眺望が開け、遠くは飯豊（いいで）山地を見渡すことができる。砂丘上では畑作や梨栽培が行なわれている。

土砂採り

採掘で削られた断面から白色の砂質の土壌が見えている。横に並んでいる重機の高さと比べると、砂丘の高さは4m程あるだろうか。この付近で簡単に土砂を確保する方法は砂丘を切り崩すことで、居山地区で1955年から行なわれた圃場整備では砂丘を削った土砂で家の前を埋め立てて畑地を造り出している。

福島潟放水路

福島潟周辺の水害対策として、2003年に掘られた長さ6kmの放水路。いくつもの砂丘を掘り割っている様子がわかる。掘削に際して出た建設残土は、同時期に建設が進められていた日本海沿岸東北自動車道の盛土にリサイクルされた。従来から流れていた新発田川を横切っていて、水路同士の十字路になっている。

砂丘間低地（堤間湿地）

砂丘間の低地は水はけが悪く、水が溜まって湿地や沼地となった。この場所も今は水田になっているが、江戸時代初期には島見前潟という湖沼が長さ2kmにわたって細長く入り込んでいて、前潟新田という地名が残されている。

砂丘間に細長く伸びる佐潟（左）と御手洗（みたらせ）潟（新潟県新潟市）

湾曲する集落

現在は改修されて直線に流れている金清水川（排水路）は、かつては蛇行して砂丘の際を削って流れていた。集落は微高地に成立しながらも、家々は川に面して洗い場（コウド）を持ち、運搬や川漁に舟を用いていた。湾曲する家屋の並びから、かつての生活がしのばれる。

前潟新田

居山

九十九里の納屋集落（千葉県九十九里町）

千葉県旭市から同県一宮町にかけて伸びる九十九里平野も典型的な海岸平野で、新潟平野同様に砂丘列が見られる。九十九里平野では、内陸から海側にかけて「岡（本村）ー新田ー納屋」という集落の発展過程が地名にも残されている。

中山道・番場宿の街村

　宿場町では街道に面して民家や商店が立ち並んでいる。このように街道に沿って細長く形成された集落のことを街村という。幾何学的なパターンに着目した分類では、列村に該当する。

　番場宿は中山道の62番目の宿場町で、典型的な街村である。江戸時代初め、彦根藩が米原湊を琵琶湖の舟運の拠点として整備し、米原湊との間に新しく深坂道が通じたこ

とで、物資の中継地として栄えることになった。

　やがて、1889年に鉄道（湖東線、現在の東海道本線）が米原回りで開通すると、番場宿は宿場町としての役割を終える。交通路から外れたことで、往時の街村の形が保たれることにもなった。現在は約1.5kmにわたって細長く集落が続いている。

蓮華寺

聖徳太子創建の由緒を持つ湖東の名刹で、鎌倉時代に、一向上人に帰依した土地の豪族・土肥三郎元頼（どいさぶろうもとより）が再興したと伝わっている。鎌倉幕府滅亡の際には、六波羅探題（ろくはらたんだい）北方の北条仲時が京都を脱出するも、追い詰められて、この地で一族郎党432名とともに自刃するという悲劇も起きた。彼らの法名を記した『陸波羅南北過去帳（ろくはらなんぼくかこちょう）』は国の重要文化財に指定されている。また、寺の敷地内には墓所として五輪塔が築かれている。

名神高速道路

主要な交通路のうち、東海道新幹線、在来線の東海道本線、国道8号は琵琶湖沿いを通っているのに対し、名神高速道路だけはかつての中山道に沿った内陸部を通っている。高速道路は平野部の家屋や農地にかかるのを極力避けて、山裾を縫うようなルートを取る傾向があり、ここでもそうしたルートを選んでいる。

米原 JCT

醒ヶ井宿

米原湊

米原湊があったのは現在の米原駅付近で、かつてはその付近まで琵琶湖（筑摩江）が入り込んでいた。駅前には記念碑が立てられている。米原は、湖岸を通る北国街道の宿場町でもあるが、1889年の鉄道開通以降は、東海道本線と北陸本線との分岐点として発展を遂げていくことになった。1964年の東海道新幹線開業に際しても駅が設置され、北陸方面との乗換駅になっている。

小摺針峠
（こすりはり）

この先、京へ向かう中山道は摺針峠を越えて琵琶湖畔に出る。摺針峠からの琵琶湖の眺望は道中の絶景として知られ、望湖堂という茶屋が建てられ旅人で賑わったという。番場宿からは摺針峠は直接見通せず、その手前にある小摺針峠が見えている。名神高速道路と中山道のルートがほぼ重なっているため、高速道路をトンネルにすることで街道が守られている。

京都 →

番場宿

近江平野の端に位置していて、古くから宿場町が形成されていた。江戸時代初めに米原湊との連絡が重要視されるようになると、宿場町の中心が東側に移動している。新しくできた集落は上番場（東番場）、旧来からの集落は下番場（西番場）と呼ばれている。人足や馬の手配を行なう問屋場が6軒あった。本陣などの建物は残っていないが、今も街道の面影を残している。長谷川伸の戯曲『瞼の母』の主人公・番場の忠太郎は番場宿出身という設定である。

米原道道標

中山道と米原駅方面に通じる深坂道の交差点に「米原 汽車 汽船 道」と書かれた道標が立っている。道標には年代が記されていないが、米原に汽車と汽船が揃ったのは明治22(1889)年の東海道本線・米原駅～大津駅間開通以降になる。その後、水運は次第に鉄道に取って代わられていくので、汽船がまだ残っていた明治時代後期の建立だと推定される。米原道こと深坂道は、現在は滋賀県道240号樋口岩脇線の一部になっている。

中山道

江戸時代に幕府によって整備された五街道の一つで、江戸・日本橋と京・三条大橋を、碓氷（うすい）峠、和田峠、鳥居峠、木曽谷、関ケ原を経由する内陸ルートで結んでいた。草津宿で東海道と合流し、途中には67の宿場があった。峠越えが続く山道ではあるが、東海道のように大きな川を渡らずに済むため往来は盛んだった。

砺波平野の散居村

　家々がまとまった集落を作らず、点在している形態のことを散村という。散居村とも呼ばれ、砺波平野には日本でも有数の散居村の景観が広がっている。家というよりこんもりとした森が点在しているようにも見えるが、これはそれぞれの家が敷地内に屋敷林を持っているため。常緑樹の濃い緑が、水田の中に点在する家々を縁取っていて、散居村の景観をより引き立てている。

　散居村が成立するには、どこに居住しても生活が成り立つという立地制約が少ないことが前提になる。その点、砺波平野では水量が豊富な庄川や小矢部川が流れていて、用水によってどこに居住しても水が得られる。また、耕作条件が均一で、居住する家の周りに耕作する水田を持つという慣行が続いてきたことも成因に挙げられる。散居村の家と家の間はおおよそ100m離れているといわれている。

中野発電所

庄川合口ダムは農業用水の取水だけでなく、発電にも用いられている。取水した水は中野発電所まで導かれ、ダムとの落差18mを利用して発電を行なっている。ダムと同じく1939年に完成している。正十角形の形をしたサージタンクがユニークである。

散居村と屋敷林

散居村の家々では、強風や夏の暑い日差しから家屋を守るように屋敷林が植えられている。砺波地方では主に杉が植えられていて、カイニョと呼ばれている。旧庄川町付近では南側の山地から吹き降ろす庄川嵐の強風や冬季の西寄りの風を避けるため、南側から西側にかけて屋敷林が作られている。

庄川

庄川合口ダム（舟戸ダム）

扇状地を流れ下る庄川は広い川原を持ち、水の流れも頻繁に変わるため、水田に水を取り入れる取水堰は流路が変わるたびに作り直す必要があった。また取水口の部分では堤防が切れるため、治水上、取水口をむやみに増やすわけにもいかない。そこで、扇頂に取水口をまとめて設置（合口）して各用水に分配する方法が考え出された。庄川合口ダムは1939年に完成し、砺波平野一帯の1万2000haの水田を潤している。

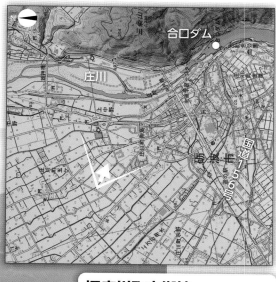

旧庄川町市街地

庄川が山間部から平野部に出る場所に形成されたいわゆる谷口集落である。扇状地の中では一番高い場所である扇頂に位置している。庄川を利用して運ばれてくる木材の集積地として栄え、今でも木製品工場が多い。また、庄川右岸の断崖から産出する凝灰岩（ぎょうかいがん）は加工がしやすく、金屋（かなや）石として富山県内で広く用いられた。砺波平野では他にも井波、城端（じょうはな）、福光などの集落が成立している。

種籾の産地

この付近は稲の種籾の産地として知られている。扇状地の水はけのよい土壌が良質の稲を育むことに加えて、稲穂の実る時期に吹く庄川嵐が朝露を飛ばすことで稲を湿気から守り、病気や害虫の発生も少ないことが、種籾の生産に適している。富山県内では他に常願寺川や黒部川の扇状地でも種籾の生産が行なわれていて、全国シェアの6割を占めている。

アズマダチ

砺波平野の散居村では、伝統的な家屋の造りにも特徴がある。大きな切妻屋根を持ち、玄関を妻側に設ける妻入りで、妻面には軸組の木材をそのまま見せながら間に白壁を塗って意匠としている。玄関（妻面）が東側を向くように建てることから、地元ではこうした造りのことをアズマダチ（東建ち）と呼んでいる。写真は大正時代に建てられた家屋をリニューアルしたもので、交流館として使われている。

山上の大規模住宅地

　戦後の高度経済成長とそれに続くバブル経済は、大都市圏に急速で広範囲に及ぶ拡大をもたらした。その結果出現したのが、山頂都市ともいえる、丘陵地帯や山間部での大規模宅地開発である。ここで紹介する山梨県上野原市と三重県名張市の二つのニュータウンの例は、いずれも大都市圏から70km圏に位置し標高300m以上の山間部に建設されている。山頂の住宅地に通じる道路や交通手段は限られているが、そこには数千人から1万人が住んでいる。山の中の「隠れ里」というには開発規模が大きすぎる。

　日本の集落発展史の中で、人々が積極的に高地に登ったのは弥生時代と戦国時代だといわれている。ともに戦乱の世の中にあって、防衛を目的としていた。後世の歴史家が山頂のニュータウン開発の跡を目にした時、さて、昭和から令和にかけての時代をどう理解するであろうか。

コモア・ブリッジ

谷底のJR中央線・四方津（しおつ）駅と山の上の住宅地とを結ぶガラス張りのチューブ状の建築物。中には斜行エレベーターとエスカレーターが設置されていて、通勤や通学に山を登り降りする住民の便を図っている。斜行エレベーターはゴンドラが斜めに動くようになっていて、傾斜25％、移動距離210mを約3分かけて運んでくれる。

桂川

相模川の上流部で、山梨県内では桂川と呼ばれる。深い河谷を作っていて、四方津駅と丘の上の住宅地との間の高低差は100mもある。また、川沿いは狭隘な箇所が多いため、1891年に新道（川辺通り）が拓かれるまでは険しい杣道（そまみち）のような道しかなかった。

JR中央本線・四方津駅

1902年に上野原駅〜大月駅の区間に鉄道が開通しているが、その時点ではまだ四方津に駅はなく、8年後の1910年になって駅が設置された。大野貯水池への建設資材の輸送が目的であった。1968年の上野原駅〜四方津駅の複線化に際しては、一部区間はルートの付け替えが行なわれた。

国道20号

現在の国道は、1891年に拓かれた新道（川辺通り）が元になっている。旧来の甲州街道は丘陵の北側を通っていたが、起伏が大きく、荷馬車の通行には不向きだった。明治時代に蚕糸（さんし）を横浜に出荷するニーズが高まると、荷馬車通行用に平坦な道路が必要になり、当時の山梨県令・藤村紫朗が新道建設を強力に推し進めた。

見どころ	・特に高度経済成長期から1980年代後半のバブル期にかけて、日本各地で建設された。 ・周囲は崖地に囲まれているため開発地域が完結していて、大規模で計画的な宅地開発が進めやすい。 ・地形的に隔離されるため、段丘下の駅まで斜行エレベーターを設置して住民の便を図っている所もある。

大野調整池

八ツ沢発電所に送る水量を調整するために設けられた調整池で、桂川で取水した水を一旦ここに貯めている。高さ37m、幅309m、土を盛って作られたアースダムで谷を塞き止めている。完成は大正時代初めの1912年で、当時の土木技術の高い水準を示すものとして、発電所の他の諸施設と共に重要文化財に指定されている。

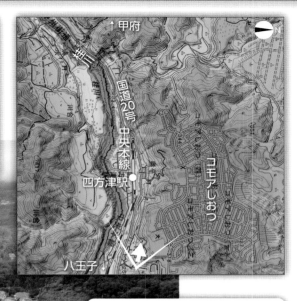

コモアしおつ（住宅地）

山の上に拓かれた80万㎡の住宅地。「土曜日は、森の人になる」をキャッチコピーに、1991年から分譲が始まった。第1期分譲時の記録が残されていて、1区画の価格が5000万円〜7000万円、平均倍率6.3倍の人気だったという。購入の動機として「眺望が気に入った」というのがあり、南側の崖側の区画ほど人気が高かった。現在約3600人が住み、地区内に小学校が1校ある。

つつじが丘ニュータウン
（三重県名張市）

標高300m〜400mにかけての、なだらかに傾斜している丘陵上の土地190万㎡を宅地開発している。山上のニュータウンというと、1980年代後半のバブル期の建設かとつい思ってしまうが、三重県名張市のつつじが丘は1976年に造成が始まって、翌年から入居が開始された。現在約1万人が住み、地区内に小学校と中学校が1校ずつある。

東日本大震災からの復興

2011年3月11日の東日本大震災では、大地震の後に大津波が三陸沿岸の街々を襲い未曽有の被害を出した。陸前高田市では、市街地のほとんどが津波に呑み込まれ、死者・行方不明者1780名、家屋の全半壊は3341棟に及んだ。海岸沿いの景勝地・高田松原の松林も、わずか1本の松を残して流されてしまった。

あの日から、早、10年の歳月が経つ。高台住宅地や市街地の嵩上げなどの大規模な土地造成工事はほぼ完了し、復興後の新しい地形が姿を現わしてきている。だが、嵩上げして造成された新市街地はようやく中核施設が並び始めたばかりで、まだまだ空き地が目立つ。造成して地権者に引き渡しが終わっても、家が建たない土地もある。今まさに区画整理が行なわれている土地もある。被災地の復興はまだまだ途中である。

低地部（ポケット部）

復興都市計画では、防潮堤とかさ上げ地との間に、万が一津波が防潮堤を超えた場合の遊水地として低地部を設けている。ここは従来からの水田地帯と一部市街地だった場所を含んでいて、水田やメガソーラーなどとして土地利用されていく予定だ。スポーツ公園や防災メモリアル公園もこのエリアにある。

震災遺構

被災した建物を、取り壊してしまうか、それとも震災を伝えるメモリアルとして保存して残していくか、様々な意見がある。その中で、米沢商会ビルは持ち主の手により保存されることが決まった。周囲が嵩上げや区画整理で土地造成されていく中で、今も、震災前の地面に建ち続けている。

震災から3カ月後の陸前高田市の様子。多くの被災した建物が手付かずの状態のまま残されていた。

気仙川

消防署

嵩上げ工事

新市街地の嵩上げ工事は、周辺の山を削って高台に住宅地を作ると同時に、削り取ったその土砂を盛土に用いて行なわれた。その中でも大掛かりだったのは今泉地区からの運搬で、全体の土砂量の半分を占めることと、気仙川を跨いで運搬距離が長くなるため、ダンプカーではなくベルトコンベアを建設して土砂を運んだ。

高台市街地（今泉地区）

今泉地区にあった標高125mの小山を45mまで削り取り、その土を新市街地の嵩上げ工事の盛土に利用し、開削した跡地は高台市街地として利用するという一石二鳥の計画で作られた。2019年には気仙小学校の新校舎も完成し、新しい街づくりが進められている。右手には三陸沿岸道路が走っている。

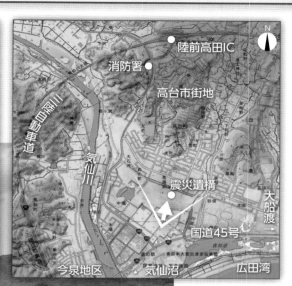

下和野団地（災害公営住宅）

被災者向けに公営住宅で、岩手県内では216地区5833戸の整備が進められている。陸前高田市の下和野団地は、2014年に他の復興事業に先駆けて完成し、7階建てと6階建ての建物は高台に建つランドマークとなっている。

高台市街地

市役所新庁舎●

新市街地（嵩上げ）

市街地の復興は、津波の被害を避けるために、従来からの地盤に最大12.3m嵩上げした土地を造成してその上に新しく街を建設することになった。新しく作られた87haの新市街では、2017年4月にオープンした中核商業施設「アバッセたかた」をはじめ、市民文化会館、交通広場などが整備され、飲食店や事業所も戻りつつある。

採掘場

採掘場というのは、表土を剥いでその下にある岩石だったり鉱物だったりを資源として取り出す場所である。山や丘が切り崩され、岩石が剥き出しになっている。自然破壊の象徴のようにいわれることもあるが、採掘場の荒々しい光景や作業をする重機には得も言われぬ魅力があり、近年では産業観光の対象として脚光を浴びることもある。

日本には、石灰石鉱山と採石場が合わせて約3000カ所あり、年間約3.5億トンもの様々な岩石が地中から掘り出されている（2018年）。こういう書き方をするのも、セメントなどの原料となる石灰石と、岩石がそのまま利用される石材や砂利などでは関係する法律が異なっていて、前者には鉱業法、後者には採石法が適用されている。関係者の方々にとって両者は似て非なるものなのかもしれないが、ここでは一緒に扱うことをお許し願おう。

金生山 （石灰岩）
かなぶやま

「きんしょうざん」とも呼ばれている。東西1km、南北2kmの石灰岩からなる丘陵で、山の形がすっかり変わってしまうくらい採掘が進んでいる。石灰岩の中に化石が良好な形で残されていて、ペルム紀化石群として知られている。また、金生山の石灰岩は古くから石材としても利用されていて、近傍の車塚古墳の石室や大垣城の石垣に見ることできる。（岐阜県大垣市・池田町）

美祢 （石灰岩）
みね

1948年から採掘がはじまった鉱山で、年間約800万 t の石灰石を産出している。麓にある工場でクリンカーと呼ばれる段階まで加工した後、沿海部にある別の工場まで運搬してセメント製品として仕上げている。運搬のために延長30kmにもなる専用道路を建設し、日本ではここだけの荷台を2両連結したダブルストレーラーが走っている。（山口県美祢市）

八戸（石灰岩）

標高80mほどの丘陵地帯を、石灰岩の採掘のために下へ下へと掘り進んだ結果、東西1000m、南北1800mの大きな穴になってしまった。一番深い場所は海抜−170mにもなり、日本の地表部で一番低い地点である。ここで採掘された石灰岩はセメント工場までベルトコンベアで運ばれて加工されるほか、八戸港に直接運ばれて石灰岩としても出荷されている。（青森県八戸市）

八戸港にあるセメント・石灰岩の貯蔵サイロに向かって伸びるベルトコンベア。鉱山からつながっている。

城陽（砂利）

この地域の丘陵部には、古瀬田川が100万年にわたって運んできた砂礫層が200mの厚さで堆積している。チャートと呼ばれる硬い岩石が多く含まれていることからコンクリートの打設の際に混ぜられる骨材として最適で、川砂の採掘が禁止された1960年頃から盛んに採掘が行なわれた。城陽市の市域では約4.2平方kmが砂利の採掘場になっている。現在は、採掘後の跡地の再開発が課題となっている。（京都府城陽市）

鉄穴残丘（砂鉄）
<small>かんな</small>

緑鮮やかな棚田の風景だが、この場所は実は砂鉄を採掘して山を掘り崩した跡地である。砂鉄が多く含まれる花崗岩（かこうがん）質の山を掘り崩し、水路に流して比重選別で砂鉄を集めることを鉄穴流しといい、そうして大量に集められた砂鉄を原料としてたたら製鉄が明治の頃まで盛んに行なわれた。山を掘り崩す際でも、祠や墓地の区域には手を付けなかった。そうした場所が残丘となって点在している。（島根県奥出雲町）

鉄穴残丘

鉄穴流しに使った水路跡が残されている。

集落と開発 輪中（わじゅう）

三重県木曽岬町、秋田県大仙市

伊勢湾台風締切記念碑

1959年の伊勢湾台風では、木曽岬町でも堤防が決壊し死者300人を超える被害が出た。被災後、堤防の仮復旧工事が順次進められ、11月9日にこの地点を最後に完全に堤防が締切られた。これによってようやく排水作業に着手できるようになり復興に向けて動き出すことができた。災害を伝承するための記念碑が立てられている。

河川防災ステーション

災害時の復旧活動の拠点および住民の一時避難場所として2018年に完成した。周囲一帯が浸水した際にも機能を維持できるように、標高5mの高さに盛土がしてある。敷地内に整然と並べられているブロックは860個あり、堤防決壊時に備えている。また、盛土の一部は掘り崩して堤防復旧に充てることができるようになっている。

強首の輪中堤防（こわくび）（秋田県大仙市）

強首地区は雄物（おもの）川がS字状に大きく蛇行していて氾濫が発生しやすく、地域全体をカバーするには流路に沿って15kmにも及ぶ堤防を完成させる必要があった。それでは費用も年月もかかるため、集落だけを囲むように堤防を作ることで防災事業の費用対効果を上げることにした。堤防に囲まれているのが住宅に限られていて、田畑は堤防の外側に置かれているという点で、濃尾平野の輪中と異なる。

木曽川大橋　木曽川

鍋田川

新緑風橋

輪中（わじゅう）とは、「輪」になった堤防に周囲全部を囲まれた土地や集落のことで、木曽川、長良川、揖斐川の3河川が入り組んで流れる濃尾平野南部の低平地で発達した村落形態である。川の中州がそれぞれ集落になったようなもので、いくつもの輪中が連なって鱗状になっている。

堤防に囲まれていると書いたが、今日見られるような立派な堤防が整備されたのは1959年の伊勢湾台風後の復旧事業による場所も多く、輪の形に廻らした堤防の上に家を建てて住み着いたというのが伝統的な形であった。その形は、円を描いて立地する集落形態に反映されている。

近年防災事業の費用対効率を上げるために、集落を第二線堤で囲む方法が各地で進められている。これらを行政が積極的に輪中と呼んでいるが、濃尾平野の伝統的な輪中とは集落形態が異なっている。

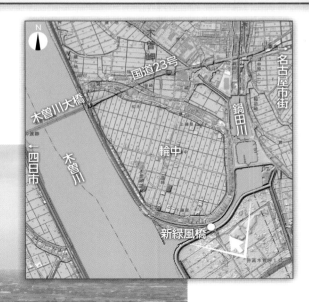

源緑輪中

現在の源緑（げんろく）輪中の中心地は江戸時代後期の1819年から29年にかけて、源緑新田、上藤里新田、下藤里新田として津島の豪商・堀田理右衛門によって拓かれた。かつては独立した輪中であったが、1889年に白鷺川が埋め立てられて北部の加路戸（かろと）輪中と陸続きになった。

集落と水田

川の流路に沿って輪を描くように高台があり、その上に住宅が並んでいる。その内側には、かつては幅の広い排水路が同じように輪を描いていたが、排水設備が整えられたことで排水路の幅は狭められ、家屋に近い場所には自家消費の野菜畑に変えられている。内側の水田部分は標高-1.5mのゼロメートル地帯で、かつては泥田や掘り上げ田が見られた。

高堤防

現在この地域をぐるりと囲んでいる堤防は、伊勢湾台風による大水害を受けて、翌年の1960年から始められた伊勢湾高潮対策事業によって整備されたもの。計画では高さ7.6mの堤防を基準として、地域全体で進められて行った。それ以前は、現在の集落が立地している円弧状の微高地が堤防を兼ねていた。

鍋田川

木曽川から分かれて伊勢湾に注いでた分流で、愛知県と三重県の県境になっている。伊勢湾台風以前は源緑輪中の南側には干潟が広がっていたが、台風被害からの復旧事業として、鍋田川の締切と河口部の付け替え、木曽岬干拓地の造成によって、地形が大きく改変された。

夕張・清水沢の炭鉱跡

　北海道夕張市の地下には分厚い石炭の層が横たわり、人が入り込める谷筋では、あちらこちらで炭鉱が開発された。清水沢は、夕張川とその支流の志幌加別川の合流点に開けた小盆地で、どちらかというと交通の結節点という印象が強い。三菱石炭鉱業が大夕張地区を開発するために建設した大夕張鉄道は、清水沢で夕張線に接続していた。

　清水沢でも石炭の採掘が行なわれるようになったのは、戦後の1947年のことである。明治期より夕張炭鉱や真谷地炭鉱を手掛けていた北海道炭礦汽船（北炭）の中でも、後発になる。1980年には閉山している。

　現在の清水沢には炭鉱の名残りが随所に見られる一方、財政破綻した夕張市が進めるコンパクトシティ構想の中で中心市街地として位置付けられ、病院の公営住宅の建て替えが進められるなど再開発が進められている。

旧北炭清水沢炭鉱事務所

清水沢炭鉱は最盛期には約1000人が働いていて、生産量は年間40万tの中規模の炭鉱だった。当時の建物として、炭鉱事務所と鉱員が入坑前にヘッドライトを受け取る安全灯室が残されている。安全灯室で、ヘッドライトを受け取った鉱員は道路と大夕張鉄道の線路を渡って、坑口へと向かっていた。

選炭工場跡

清水沢の炭住街に不自然に三角形の空き地が広がっているが、ここにはかつて清水沢炭鉱から掘り出してきた石炭を選別する選炭工場があった。ここで選り分けられた石炭（精炭）は夕張線・清水沢駅を通じて出荷され、不要な岩石（ずり）はずり山に捨てられた。夕張線（石勝線開通後はその支線）も2019年に廃線になってしまった。

住宅街（炭住）

1970年代に北炭が整備した炭鉱で働く鉱員用の住宅、いわゆる炭住[...]る。特徴的なのは屋根の形で、急な勾配と緩い勾配を組み合わせた[...]根である。積雪期が長い北海道ならではの工夫で、玄関や道路に面し[...]る側の屋根は急勾配にして雪を積もらせないようにし、反対側に[...]とすようにしている。一方で、1980年頃からは、屋根を平らにして[...]の上に雪を載せたまま融雪・排水してしまう無落雪屋根が普及し始[...]屋根の形から、北海道の家屋建築における克雪技術の変遷が読み取[...]

清水沢ダム

1940年に、清水沢火力発電所で用いる水の安定供給のために、北炭によって建設された。ダムそれ自体で水力発電を行なっていたほか、戦後には農業用水の取水用途も加わった。以前は、赤く錆びたトラス組の門柱が印象的だったが、2014年度から改修工事が進められていて、だいぶん趣きが変わってしまった。

旧北炭清水沢火力発電所

炭鉱や選炭工場などで利用する電力を賄うために北炭が建設した自家発電所で、1926年に完成し、1992年まで稼働していた。ここで発電された電力は、夕張一帯だけでなく万字、幌内、空知などの自社炭鉱へも送電されていた。

北炭の撤退とともに解体されることが決まっていて、途中まで解体が進められていたが、現在は残っている建物をNPO法人が地域おこしの拠点として活用を進めている。

ずり山

住宅街の外れに高さ70mの山がある。この山は、選炭工場で選り分けられた後の不要な岩石（ずり）が堆く積み上がったもので、ずり山と呼ばれる。ずり山は炭鉱には付き物で、炭鉱の町のシンボル的な存在でもある。黒々としていたずり山も、清水沢炭鉱の閉山から40年経ってだいぶん緑に覆われてきた。山頂まで登ることができるよう整備されていて、頂上からは清水沢の炭住街を一望できる。

代の北海道・家屋建築の特徴である変形つ炭住。

2014年から建設が進む最新の公営住宅では無落雪屋根になっている。

縄文・弥生時代の遺跡

考古学の分野でも、ドローンによる空撮は遺跡調査に役立っている。空から観察することで、遺構の全体像を把握できるだけでなく、遺跡の立地も俯瞰できる。櫓を組んだり、セスナ機をチャーターして撮影してきた俯瞰写真を、より手軽に撮影できるようになってきている。

遺構については、発掘の後に再度埋めてしまうことが多く、出土したものを直接見ることができる遺跡は少ない。

地上に復元されている場合は、それらを眺めることで遺跡の全容を捉えることができる。

立地については、まさに空撮が得意とするところである。ただ注意しなければならないのは、現在見ている風景が、当時と同じ風景とは限らないことである。現在水田になっている場所は、かつての潟湖や湿地だったかもしれない。そうしたちょとした知識と想像力は必要である。

津軽の縄文遺跡

岩木川左岸に屏風山砂丘の盛り上がりがあり、現在は水田となっている低地から5〜10m高い台地になっている。その台地上に、幅200m程の谷を挟んで、田小屋野貝塚(縄文前期〜中期)と亀ヶ岡遺跡(亀ヶ岡石器時代遺跡、縄文後期〜晩期)が連なって立地している。当時、魚介の採集に便利な潟湖に突き出した半島の先端に集落が立地していたことがわかる。(青森県つがる市)

亀ヶ岡遺跡から出土した遮光器土偶(国宝)のモニュメント。背後の崖下の湿地帯から出土した。

弥生時代の低地集落遺跡

弥生時代の集落跡には、稲作に適した低平地に立地しているものと、高台に立地している高地性のものが出土している。青谷上寺地(あおやかみじち)遺跡は前者の集落跡で、勝部(かつべ)川と日置(ひおき)川の合流地点付近、青谷の小平野に位置している。低湿地のため有機物が分解されずによく残されていて、木製品をはじめ、絹や麻の織物、鉄器、さらには人骨や人の脳の組織までが出土している。(鳥取県鳥取市)

田小屋野貝塚

亀ヶ岡遺跡

日本海

勝部川

展示館

青谷上寺地遺跡

弥生時代の高地性環壕遺跡

弥生時代は、中国の歴史書に「倭国大乱」という記述があるように戦乱の世の中だったと考えれている。それを裏付けるように、山や丘の上に集落が立地する高地性集落跡が各地で出土している。ここ田和山(たわやま)遺跡では、頂上を厳重に防御する三重の環壕が見つかっている。まるで戦国時代の山城のようだが、弥生時代の遺跡である。市街地近郊の開発の波に呑み込まれずに、史跡として保存されたことは喜ばしい。(島根県松江市)

弥生時代の墳丘墓

西谷墳墓群は出雲平野を望む西谷の丘陵部に位置し、弥生時代の墳丘墓が30基ほど密集している。その中でも特筆すべきは、四隅突出型墳丘墓と呼ばれる四辺形の四隅が突き出た独特の形をした墳丘墓で、6基が見つかっている。四隅突出型墳丘墓は山陰地方を中心に分布しているが、飛び地のように北陸地方にも存在していて、日本海を通じた結びつきが考えられている。(島根県出雲市)

西谷3号墓は長さ52m、幅42m、高さ4.5mの大型の四隅突出型古墳。墳丘墓の上には遺体を埋葬した木槨(もっかく)が見つかっていて、その周りには柱を立てたと考えられる穴が四つ出土している。(柱が一部復元されている)

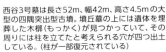

古墳

　古墳の形は、空から眺めたほうが断然わかりやすい。歴史の授業で前方後円墳だの前方後方墳だのと習っても、いざ現地に行ってみるとこんもりした丘があるだけで、どちらが四角形でどちらが円形なのか、なかなか見分けがつかない。空撮写真を見るとその形は一目瞭然だ。

　それにしても、古代の人達は、こうした上空から見ないと全容を把握できない巨大な造形物をどうして作ろうと思ったのだろうか。あるいは、直接眺めることはできなくても、その幾何学的な形を嗜好したり信仰する地理的な感覚があったのかもしれない。

　古墳を空から眺めると、その形だけでなく、立地についてもいろいろとわかってくる。丘陵の麓斜面に作られたもの、高台の上に作られたもの、それぞれの立地の意味にも想像が広がる。

箸墓古墳
はしはか

前方後円墳としては最初期のものと考えられている。大和盆地の南部、三輪山の麓に位置し、三輪山の祭神・大物主神（おおものぬしのかみ）に嫁いだ倭迹迹日百襲姫命（やまとととひももそひめのみこと）の伝説が伝わっている。箸墓の名称も、百襲姫が女陰を箸で突いて亡くなったという物語に由来する。全長278mは全国で11番目の大きさ。（奈良県桜井市）

地上から眺めた箸墓古墳

景行天皇陵古墳と
けいこう
崇神天皇陵古墳
すじん

景行天皇陵古墳の全長300mは、前方後円墳として全国で8番目に大きい。龍王山西麓の緩斜面に築かれているため、上空から見ると後円部が斜面にめり込んでいるように見える。周囲に巡らした溝も、複数に仕切られて段状に水が溜められている。奥に見える崇神（すじん）天皇陵古墳（全長242m）と並んで、山之辺道のランドマークになっている。（奈良県天理市）

崇神天皇陵古墳

景行天皇陵古墳

造山古墳 （つくりやま）

全長350mは全国第4位の大きさを誇り、この地に強大な政権が存在したことをうかがわせる。自然の丘陵の一部を利用して造られたと考えられていて、空から見ても、古墳の南東側が微高地になっていて集落が立地しているのがわかる。戦国時代、この地で起こった備中高松城の戦いの際には、平野部にある高台として毛利軍の陣地として使われた。（岡山県岡山市）

大安場古墳 （おおやすば）

郡山盆地、阿武隈川右岸の段丘上に築かれた前方後方墳で、尾根の高まりを利用して作られたと考えられている。ランドマークとして目立つように作られていることがわかる。古墳が位置する高台は1970年代から宅地開発が進んでいたが、奇跡的に残され、関係者が古墳と確認したのは1991年のことだった。現在は史跡公園として整備されている。全長83m。（福島県郡山市）

椿井大塚山古墳 （つばい）

最初期の前方後円墳で、丘陵の一部を利用して作られている。木津川流域の丘陵端に位置し、古来より集落が立地しやすい場所であったため、古墳の上にも家が建てられている。また、1896年に開通した奈良線は、後円部を破壊して線路を通している。このように無残な姿となっているが、発掘によって32面の三角縁神獣鏡など貴重な遺物が出土していて、それらは国の重要文化財に指定されている。全長175m。（京都府木津川市）

奥出雲おろちループ

奥出雲おろちループは、中国山地を縦断している国道314号の一番の見所で、1992年に開通するや一躍観光地となった。谷底の坂根から崖上の三井野原(みいのはら)までの標高差167mを、ぐるぐると回る二重ループで勾配を緩和しながら登っている。直線距離では1km程だが、国道の延長は4kmにもなる。スケールが大きくて、全体像を捉えるには空から眺める他にない。

国道に並行するJR木次線は、6kmもの迂回と三段のスイッチバックで越えている。こうした急峻な地形が生まれたのは、斐伊川(ひい)の支流・室原川(むろはら)の浸食力による。室原川は深く谷を刻み、江の川の支流・西城川(さいじょう)の上流部を奪って、河川争奪を引き起こした。登りきった先の三井野原には、それまでとは景色が一変し、平坦な小盆地が広がっている。典型的な河川争奪の地形である。

分水嶺

斐伊川水系と江の川水系とを分けている。江の川の支流・西城川の上流域が河川争奪で断ち切られた（地理用語では「斬首された」）ため、谷の中のなだらかな場所が分水嶺となっている。標高727m。

三井野原

昭和19年、戦時中に食糧増産のために農業報国会島根支部が入植して直営農場を設けたことで、開拓が進められた。元々は広島県だったが、こうした経緯から島根県との結びつきが強く、1953年に島根県に編入された。三井野原スキー場も有名。

JR木次線

宍道(しんじ)駅(島根県松江市)と備後(びんご)落合駅(広島県庄原市)の81.9kmを結ぶローカル線で、1937年開業。かつては陰陽連絡路線として急行列車が運行されていたこともあった。観光トロッコ列車・奥出雲おろち号が運行されていて、車内から奥出雲おろちループを楽しむことができる。

奥出雲おろちループ

日本最大規模の二重ループ。国道314号の坂根〜三井野間、標高差167mを克服するために建設され、1992年に開通した。二重ループの1段目が最小半径100m、2段目が最小半径200mで、外側に向かうループの広がりが雄大な道路景観を作り出している。八岐大蛇(やまたのおろち)伝説をモチーフにした様々なモニュメントが道路を彩っている。

備後落合

備後落合

見どころ	・国道314号の奥出雲おろちループは、標高差167mを克服するために建設された二重ループである。
	・JR木次線は、出雲坂根駅の三段スイッチバックと大回りのルートで標高差を克服している。
	・室原川が西城川の上流部を奪って、河川争奪を引き起こした。三井野原の分水嶺は斐伊川水系と江の川水系を分けている。

← 備後落合   宍道 →

● 出雲坂根駅

おろちループ

N

三井野原大橋

奥出雲おろちループの中でのトップスターともいえる橋。坂根側から登ってくると、頭上に架かるこの橋が最初に目に飛び込んでくる。そして、ループ区間の最後にこの橋を渡ると、眼下100mを超す谷の深さに驚く。鋼トラスドアーチ橋という形式で、長さ303mを誇る。アーチ径間は195mある。

宍道 ↗

JR 木次線

出雲坂根駅

出雲坂根駅

鉄道ファンには三段スイッチバックの駅として知られている。出雲坂根駅と隣の三井野原駅の間は、勾配を緩和するために6kmもの迂回ルートで建設されたが、それでも標高差を克服できず、三段（2回折り返し）スイッチバックが設けられた。駅前に湧いている延命水は名水で、汲みに来る人も多い。

道の駅奥出雲
おろちループ

314

JR 木次線

67

七里岩
しちりいわ

　甲府盆地の北西部、八ヶ岳の山麓の高原地帯に駆け上がろうという場所に面白い地形がある。山麓からまるで手招きをするかのように、細長い台地が延びているのだ。地上から眺めると、高い所では40mにもなる断崖が続いている。長さが七里（約28km）も続くというので七里岩と呼ばれている。また、その細長い様子を韮の葉に例えたことから、韮崎という地名が起こったという説もある。

　七里岩の細長い台地は、火山である八ヶ岳の崩壊によって流れ出た岩屑流（韮崎岩屑流）からできている。もっとも、最初から細長い形状をしていたわけではなく、一面に厚く堆積した台地を釜無川と塩川が両側からそれぞれ浸食して、今の形となった。

　さて、こうした地形を目の前にして交通路を通そうとする時、果敢にその地形に挑もうとする発想と避けて通そう

新府城跡
しんぷ

流れ山を利用して築かれた戦国時代の城で、武田勝頼が甲府から新府城へと本拠地を移した。その後、徳川家康と北条氏政が甲斐国の支配を争った天正壬午（じんご）の乱（1582年）では、徳川勢が新府城とその支城の能見（のうけん）城（これも流れ山を利用して築かれている）に入り、北条勢と対峙した。現在は国の史跡として整備されている。

平和観音

七里岩台地の先端に立つ観音像は遠くからも見え、韮崎市のランドマークにもなっている。その姿に、映画『タイタニック』の船の舳先（へさき）に美女が立つシーンを連想してしまうのは筆者だけではないだろう。1961年に、市民の平和や登山者らの安全を祈願して建立された。高さは16.61m。周辺は観音山公園として整備され、春には桜が咲き誇る。

七里岩台地

旧来の甲州街道の韮崎宿から蔦木（つたき）宿までの7里（約28km）弱の間、旅人たちは高さ40mにも及ぶ断崖を見続けながら旅をした。そうしたことから七里岩という名前が付けられた。空から眺めた時の、細長い台地の先端から基部までは10kmといったところだろう。台地を構成している岩屑流堆積物は軟らかく掘りやすいため、戦時中は軍需工場疎開のための地下壕の建設も行なわれた。

釜無川

JR 中央本線

20

韮崎駅

黒沢川

甲府

とする発想が生まれるらしい（もちろん、ルート決定の要素は地形だけとは限らないが）。1904年開通のJR中央本線は前者で、従来からの甲州街道とそれをなぞった国道20号、そして1976年開通の中央自動車道は後者だ。それぞれのルートを比較して、選定理由をあれこれ想像しながら眺めるのは楽しい。

流れ山

七里岩台地の上には、比高100m程の、お椀を伏せたような丸い山が点在している。これらは八ヶ岳が崩壊した際の岩石の塊がずり落ちてきたもので、地学用語で流れ山と呼ばれる。戦国時代には台地の上の、さらに小高い丘として、城や砦が築かれたものもある。台地上に登った中央本線は流れ山を避けるように右へ左へと大きくカーブしている。

JR中央本線

標高354mの韮崎駅を出るやいなや同450mの新府駅に向けて、七里岩台地によじ登っていく。台地の上に出た後も、小淵沢駅（同886m）までの区間は1000m進むごとに25m登るという25‰急勾配が連続していて、鉄道の難所になっている。かつては韮崎、新府、穴山、長坂の各駅はスイッチバックの構造だった（現在は全て解消）。建設の際には、従来の甲州街道に沿った釜無川の右岸を通すルートも検討されたが、大武川などの釜無川の支流への架橋が経済的に負担になることと、蔦木（長野県富士見町）から先の勾配が急になるため、現在の七里岩台地に登るルートが選択された。

中央自動車道のルート

1976年開通の中央自動車道は、双葉サービスエリア（山梨県甲斐市）付近から茅ヶ岳南麓の台地を横断する「塩川左岸ルート」を選んでいる。須玉インターチェンジの先で塩川を渡ると、その支流の鳩川の谷を利用して八ヶ岳山麓の高原へと一気に駆け上がる。そのため、この区間は急勾配と急カーブが連続して線形が悪くなっている。

国道20号（甲州街道）のルート

旧来からの甲州街道とそれを引き継いだ国道20号は、釜無川が刻んだ谷筋を通り、蔦木から急勾配で八ヶ岳山麓の高原へと登って、諏訪へと抜けている。徒歩に頼らざるを得なかった時代、八ヶ岳山麓に高地が張り出している鞍部を、最小限の登り下りで通るルートを選んでいることがわかる。

69

上根峠

かみね

広島県安芸高田市

　川と川は、通常は分水嶺という嶺で仕切られて互いの流域を棲み分けているが、時として互いの流域がぶつかり合うことがある。そうした場合、より深い谷を作ることができる川が、相手の川の上流部を奪って水を総取りしてしまう。これを地理用語で河川争奪という。ちなみに、河川争奪して、相手の川の上流を断ち切ってしまうことを斬首という。なんともおどろおどろしい。

　河川争奪が起きると、ある川が作った平らな盆地（谷底平野）を別の川の峡谷が遮って、急に深い谷に落ち込むような地形になる。この上根峠もそうした河川争奪の典型地形である。簸川が作った上根の盆地が急に断ち切られ、根の谷川の峡谷に落ち込んでいる。盆地の上と谷底では、標高差が90m近くある。

　この断崖は、古来より山陽地方と山陰地方を結ぶ交通路

霧切谷

上根の盆地に立ち込めた霧が根の谷川の峡谷に差し掛かると下降気流で消えるということから、霧が切れる、霧切谷という名が付いた。地元ではキンキン谷とも呼ばれる。古来からの、人だけが通れる急坂が付けられている。今では通る人も少ないが、この急坂を駆け下りて、上根峠を迂回して走るバスと競争したというエピソードも伝わっている。

国道54号上根バイパス

1990年に開通した国道のバイパス。高架橋と3本のトンネルで比高80mを克服していて、自動車で快走できる。これの開通によって上根峠の難所も過去のものになった。

上根峠

牛馬が通れる街道が整備されたのは江戸時代の寛永年間（1624年〜42年）といわれている。1890年には幅5.5mの県道が開通し、難所には石畳が敷かれるなど整備された。その後国道54号に昇格したが、上根バイパスの開通に伴い今は広島県道5号浜田八重可部線となっている。

上根峠

根の谷川

広島

の難所となってきた。平成になって国道のバイパスが開通し、今では自動車で難なく通過してしまうが、現地では時代ごとに付け替えられた道路の変遷をたどることができる。

風隙と溜池

河川争奪されて上流部の水源が断ち切られてしまうと、断ち切られた地点から下流部にかけては河川のない部分が出来てしまう。これを風隙と言う。風隙ではまとまった水が得にくいため、溜池を作って水を確保することがある。

上根

不適合谷

上根の盆地は幅が700mもあり、幅広の谷底平野が直線的に延びている。これは上根断層に沿って簸川が浸食して作った。ところが、上流を根の谷川に斬首された簸川の水量は乏しく、現在の能力ではここまでの大きさの平野は作れないと見られている。このような、川の規模と実際の地形が合致していない谷のことを、不適合谷という。これも河川争奪に見られる典型地形である。

分水嶺

河川争奪によって谷の途中で流域が断ち切られているため、谷中の、一見平らに見える場所が分水嶺となっている。標高267m。根の谷川は太田川に合流して太平洋側（瀬戸内海）に注ぎ、簸川は江の川に合流して日本海側に注ぐため、太平洋側と日本海側の水系を区分する中央分水嶺に当たる。県道の分水嶺に当たる位置にはかつて郵便ポストが立っていて、分水嶺ポストと呼ばれていた。

71

油坂峠
あぶらさか

岐阜県と福井県が県境を接する地域には、標高1617mの能郷白山を主峰とする越美山地があり、険しい山岳地帯となっている。けれども古来から人や物資の往来は盛んで、江戸時代には岐阜県郡上市に城を置く郡上藩が福井県側の村々も支配していたという関係性もある。

油坂峠はそうした越美山地を越える交通路の一つで、特に岐阜県側が急勾配になっている。峠の名前の由来は、あまりに坂道が急なため旅人や荷物を背負った歩荷が油のような汗をかきながら登ったので付いたといわれている。峠の標高は780mで、麓との標高差も420mほどある。この急坂は、地質学的には断層によってできた崖である。今日、油坂峠には高規格の自動車道が開通し、急峻な地形を克服するために建設された長大な橋やトンネル、ループ橋などが連なっている。まるで土木構造物の見本市みたいだ。

越美線（未成）

越美山地を越えて岐阜と福井を結ぶ鉄道路線は、大正時代の1920年から着手されたが、結局、長良川鉄道の終点・北濃駅とJR越美北線の終点・九頭竜湖駅の間が計画中止になって途切れている。一時は、油坂峠を越えるか桧峠を越えて石徹白（いとしろ）を経由するかで誘致合戦もあったが、いずれにしても厳しい峠越えのルートで建設の見通しは立たなかった。

白鳥西IC

谷の上に櫓の形をしたコンクリート造の橋台が現われる。インターチェンジ（IC）に出入りするランプを支えるためのもので、高さは30mある。ランプ同士は平面交差する簡易的なICながら、高規格道路とするにはこうした大掛かりな構造物が必要になる。

向小駄良高架橋とループ橋

大きく逆S字を描いて山腹に取りついている高架橋が向小駄良（むかいこだら）高架橋である。一見大掛かりな道路建設に思えるが、土砂崩れや雪崩対策を考えると地面から離して高架橋にした方が合理的になる。手前のループ橋は1989年に作られた国道158号のバイパスで、直径約140mのループで約25mの高さを稼いでいる。

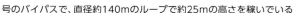

油坂峠

標高780mの峠。岐阜県と福井県とを結ぶ重要な街道として、明治半ばの1889年に人がようやく通れる程度の大きさではあったがトンネルが掘られた。その後何度か拡幅改修が行なわれ、1999年に現在の油坂トンネルの姿になっている。今は多くの車が便利で快適な油坂峠道路を経由し、旧道を訪れる人も少ない。

油坂峠道路

1999年に開通した高規格の自動車専用道路で、長野県松本市から福井県福井市までを結ぶ中部縦貫自動車道の一部になっている。勾配を緩和するためトンネルと橋梁を組み合わせた8の字のようなルートになっていて、直線距離で2.7kmのところを、道路はその3倍の8.2kmの距離をかけて登っている。

向小駄良番所跡

江戸時代、郡上藩の番所が設けられていて、油坂峠を越える旅人の監視とともに、通過する物資から関税を徴収していた。その品目の一覧から、郡上藩からは炭や薪などが輸出され、様々な日用品に加えてにがりやトコロテン草といった海産物が輸入されていたことがわかる。番所小屋と冠木（かぶき）門が復元されている。

高速道路の線形

日本の高速道路は、直線区間は極めて少なく、大部分が曲線からできている。クロソイド曲線という緩和曲線を用いることで、カーブでも安全、快適に高速走行ができるようになっている。流れるように弧を描く線形が特徴的だ。

こうした道路設計の思想は、日本で最初の名神高速道路の建設にあたって招聘したドイツ人技術者クサヘル・ドルシュ氏に行きつく。おそらく彼の頭の中には、故郷ドイツの平原の風景、丘の間を縫うように走る高速道路のイメージがあったのだと思うが、日本の技術者達はそれをうまく日本の風土に翻訳した。山腹に切土で道を付け、丘陵を切通し、谷には橋を架け、そうした多様な地形の間を滑らかにつないで一本の道路が走り抜けていく。高速道路の線形を空から眺めていると、道路設計に込められた技術者の美学とでもいうべきものが伝わってくる。

東名高速道路

東名高速道路の大井松田IC〜御殿場ICの区間は、急勾配、急カーブが続き、全線の中で一番の難所になっている。高速道路は山裾に張り付いて大きく迂回しながら登って行くルートを採っている。谷底の川沿いを通っている国道246号やJR御殿場線とは対照的だ。1969年開通、1991年に山側に上り線用の3車線が追加。(神奈川県山北町)

中央自動車道

長野県の伊那谷には天竜川の支流が深く広い谷を刻み、地元では田切(たぎり)と呼ばれている。田切は交通の支障となり、従来の道路や鉄道は谷底まで一度降りて、沢を短い橋で渡り、再び対岸の崖を登るというΩ型の線形を描いている。こうした線形では、アップダウンがきつく、曲線も多くなるので高速運転には向かない。中央自動車道が与田切を越える箇所では、280mもの長さの橋を架けて、滑らかな線形を保っている。1975年開通。(長野県飯島町)

東北自動車道

台地の中に細長く谷が入り込んだ谷戸に橋を渡し、高速道路が通り抜けていく。直線にしても何らおかしくない地形なのに、ゆるくS字を描く線形は、いかにも日本の高速道路らしい。高速度で滑らかに走行できるよう、設計に採り入れられているクロソイド曲線が作り出す優美さである。1974年開通。(栃木県那須塩原市・福島県白河市)

北陸自動車道

台地を切通して進む高速道路。従来からの道路や水路を切断してしまわないように跨道橋を架けているため、ここでは1kmの間に7本もの橋が架かっている。近年建設される高速道路では、地元との協議の上、利用者の少ない道路の跨道橋は1カ所にまとめて建設費の節約を図っているため、ここまで密集している場所は少なくなっている。1983年開通。(富山県魚津市)

秋田自動車道

東北自動車道から分岐した秋田自動車道は、緑地帯の中に吸い込まれて、大きくカーブを描きながら山間部へ向かっていく。和賀(わが)川右岸の河岸段丘の段丘崖に沿ったルートだ。写真右手の低地は水の便が得やすく古くから集落が発達している。一方、段丘面は1963年から始められた国営開拓建設事業によって灌漑されたもので、家はあまり見られず、新しく拓かれた農地が一面に広がっている。開発に向かない崖の部分が林地のまま残されていたところに、うまく高速道路を通している。1994年開通。(岩手県北上市)

新世代規格の高速道路

高速道路は高速でも車が安全、快適に走行できるように高規格に設計されているが、その中でも新東名・新名神の両高速道路についてはさらに特別な規格で設計されている。1990年に出された当時の建設省の通達に従って、大都市と大都市の間の区間（A規格）は、曲線半径は3000m以上、勾配も2%以下という極めて緩やかなものになっている。将来的には最高時速140kmでの走行も想定されている。

新東名・新名神が特別扱いとなっているのは、従来の東名・名神高速道路と並行するダブルトラックの路線であり、せっかく並行して作るのであれば同じものを作っても仕方がない、最高のものを作りたいという意図からである。その分、多少の地形には無頓着なルートになり、橋はより高く長く、トンネルはより長くなっている。土木量も大きく、「メガ土木」ともいえる大規模開発となっている。

新名神高速道路
菰野町の高築堤

平野の中に高さ20m、長さ500mの小山が出現した。土木の専門家でもその土木量の大きさに驚くくらいだ。元々は前後の区間と連続した高架橋として設計されていたが、トンネルや切通しの建設によって発生する余土を減らすために盛土に変更された。余土を受け入れてくれる専用の処分場の確保は年々難しくなってきていて、今回の高築堤の建設は、処理場に運んで埋め立てるのと比べて経費の削減になっている。（三重県菰野町）

新名神高速道路
亀山西JCT（池山高架橋）

新名神高速道路の本線と、東名阪自動車道とを結ぶ亀山連絡路とのジャンクション（JCT）で、2本の交通が大阪方面に向けて1本になるY字形をしている。名古屋と伊勢を結ぶランプウェイは補助的な位置付けで、Uターンするような複雑な経路となっている。さて、このJCTは安楽川が削った幅広い谷の真上に作られていて、高さが60〜70m、長さが940mを越える長大橋が3本並行で架かっている。（三重県亀山市）

新名神高速道路・朝明川橋（あさけがわ）

工事の記録を読むと、朝明川の山ケ鼻井堰（取水堰）と国道、市道が連なってしまったために途中に橋脚を立てることができず、長スパンの橋梁を建設するために難工事になったと書かれている。素人考えではそんなややこしい場所を避けてルートを設定できなかったものかと思ってしまうが、圧倒的な技術力で解決してしまうのがこの世代の高速道路である。鋼・PC混合アーチ補剛箱桁という複数の素材をつないだ形式で、中央部の鋼製アーチを小さくして側径間のコンクリート桁の荷重で力学的なバランスを取っているというアクロバティックな橋である。（三重県四日市市）

左岸側の側径間。本来は60mの長さのコンクリート桁が必要だが、段丘とぶつかるため長さを40mにせざるを得ず、構造形状を工夫して問題を解決している。

新東名高速道路・長篠設楽原PA（ながしのしたらがはら）

長篠設楽原PAは、134万㎥の建設残土を盛って作った比高50mの台地の上に設けられている。半円形のお椀を伏せたような形がユニークだ。また、盛土に用いられた土砂の多くが三波川（さんばがわ）帯に属する黒色結晶片岩で、日本の地質構造を大きく分ける中央構造線の近くに位置するPAらしい。（愛知県新城市）

駐車場の車止めには新城トナール岩が使われている。領家帯に属する花崗岩の一種で、これまた中央構造線付近で産出する特色ある岩石だ。地質好きにお勧めのPAだ。

新東名高速道路 新天竜川橋／豊岡高架橋

天竜川の広い氾濫原を大きくSの字を描いて通り抜けていく。途中に浜松浜北ICを挟んでいるが、約5kmにわたり橋や高架橋が続く区間である。天竜川を越える新天竜川橋は長さ1585m、左岸側の豊岡高架橋は1140mある。橋を極力長くすることで、橋と橋の継ぎ目のジョイント部を減らし、保守の合理化と走行時の快適性を向上させている。（静岡県磐田市・浜松市）

高速道路のジャンクション・インターチェンジ

　高速道路や一般の有料道路では、本線の交通の安全を確保するために、立体交差で流入出が行なえるように設計されている。そうした立体交差の仕組みのうち、本線同士を結ぶものをジャンクション（JCT）、本線と一般道路を結ぶものをインターチェンジ（IC）という。それぞれの道路同士を結ぶ連絡路をランプという。

　JCTやICは数種類の形式に分類される。ポイントとなるのはランプで、互いに干渉しないように立体交差を増やすと構造物の建設費が増える。一方で、限られた用地内でいかにコンパクトにまとめるかという工夫も必要になってくる。両者のせめぎ合いの間で、必然的に合理的な形式が採用されて、JCTやICは設計される。本線やランプが複雑に絡み合う様子は見ているだけでも楽しいが、その形の意図を解読しながら眺めるとより楽しむことができる。

北陸自動車道・立山IC

トランペット型と呼ばれるごく一般的な形式のICで、270度転回する円形のランプを持つのが特徴である。円形の部分にある程度の半径を確保しないといけないためその分の敷地面積は増えるが、立体交差は1ヶ所だけで済む。この立山ICは本線やランプが作り出す象形がユーモラスで、円形のランプを頭に見立てると、何やら巨人が両手を広げている姿にも見えてくる。（富山県立山町）

九州自動車道・城南スマートIC

鳥が羽を広げたような形が目を引く。スマートICと呼ばれるETCによる料金収受専用のICで、料金所を集約する必要がない。本線とランプとの立体交差を作る必要もなく、用地確保が比較的容易な場所ではこうしたシンプルで伸びやかなレイアウトになる。誤進入対策としての転回路が設けられているのもスマートICの特徴である。（熊本県熊本市）

豊田JCT

東名高速道路と新東名高速道路からつながる伊勢湾岸自動車道がクロスするJCTで、相互のスムーズな交通を確保するためにタービン型と呼ばれる形式が採用されている。本線同士が立体交差していて、さらにその上をランプが越えていく3階建ての構造になっている。橋脚や桁のカラーリングに工夫が凝らされていて、空から見ると全体のデザインが俯瞰できる。(愛知県豊田市)

横浜港北JCT・港北IC・横浜港北出入口

首都高速道路神奈川線の横浜北西線・横浜北線と国道466号第三京浜道路が接続するJCTで、さらにそれぞれの有料道路と一般道路とのICも併設されているため、複雑な構造になっている。特に横浜港北入口から入って横浜北西線に向かう車は、地表から4層駆け上がって料金所へと向かう。(神奈川県横浜市)

山陰自動車道・大田朝山IC

<ruby>大田<rt>おお だ</rt></ruby><ruby>朝山<rt>あさやま</rt></ruby>

高速道路の上を、眼鏡のような形の道路が跨いでいる。これもれっきとしたICで、環状交差点(ラウンドアバウト)を二つつなげたツイン・ラウンドアバウトという形式である。環状交差点は、ヨーロッパ諸国に多く見られ、日本でも2003年の道路法改正によって本格的な導入が進められている。交通量の少ない道路で、信号機がなくても交差交通を処理できることが特長である。山陰自動車道は無料のため、こうした自由な形式を取り入れることができた。(島根県大田市)

ヨーロッパの国では大きな環状交差点で交通を処理しているICもある。写真はフランス領レユニオン島のもの。

79

高速道路のサービスエリア・パーキングエリア

　サービスエリア（SA）・パーキングエリア（PA）は高速道路を走るドライバー向けの休憩施設で、本線と出入りする連絡路や、駐車場、レストランや売店が入る建物、園地と呼ばれる広場などからなる。最近ではドッグランを設けている所も多い。そうした施設用地が道路にくっついているのだから、空から見ると、スーッと延びていく高速道路の用地がそこだけ膨らんでいて、不格好なたんこぶのよ

うにも思えてしまう。

　そんなSA・PAも、レイアウトデザインに様々な工夫が凝らされている。高速道路は上下線が分離されているので、基本的には上り線用と下り線用の用地が二つでセットになっている。その二つをどう配置するか、周囲の区割りを意識したり、改良の歴史が反映されていたり、SA・PAの敷地形状の謎を空から読み解いてみようと思う。

名神高速道路・桂川PA

高速道路の本線は周囲の水田の区画を無造作に斜めに横切っているに対して、PAの敷地は二つの三角形を向かい合わせて周囲の区画にうまく当てはめているように見える。こうした区割りの観察は空撮の楽しみの一つだが、桂川PA付近は784年遷都の長岡京跡で、当時の都の条坊の区割りに従っていると想像するとさらに楽しさが広がる。実際、PAの敷地からは左京二条三・四坊付近（東土川遺跡）が出土している。（京都府京都市）

東北自動車道・前沢SA

SAに出入りする道路が敷地の外側を廻っていて、内側に駐車場やレストハウスが配置されている。こうした形式のことを内向型という。前沢SAは敷地内に広い森を抱え込んでいることが特長で、内向型のレイアウトによって森を保存するとともに、ドライバーが散策・気分転換できる場としても活用している。駐車場の中にも「鷹狩りの松」が保存されているのが見える。緑地保全に配慮したSAなのだ。（岩手県奥州市）

中央自動車道・談合坂SA（上り線）

本線の6車線化に合わせて改良されて、現在の姿になった。現在の上り線用の敷地は、元は下り線向けの施設があった場所を転用・拡張したため、SAに出入りするための連絡路が本線を跨いでいる。左の空き地になっている場所が上り線用の施設が元々あった場所で、今の敷地と比べると、昔はこんなに小さかったのかと驚く。撮影時はスマートICの工事が進められていた。（山梨県上野原市）

首都圏央自動車道・菖蒲PA

商業施設やトイレ、休憩所などが入る建物を中心に、両側に駐車場が広がっていて、上下線（内回り外回り）で同じ施設を共用している。こうしたSAPAレイアウトのことを集約型という。ETCの普及によって通行料金の不正対策が進んだことや、商業施設の採算性が向上することから、集約型のSAPAも増えている。菖蒲PAの空撮写真では、大雨時の敷地内の排水調節ための調整池が見える。（埼玉県久喜市）

両側から利用できるようするために建物は通り抜けできるようになっている。

長野自動車道・姨捨SA

SAには、そこ自体がちょっとした観光地になるような風光明媚な土地に立地しているものもある。姨捨SAもそうした景勝地に作られたSAで、標高592m（上り線）の高台に位置し、足元には「田毎の月」で知られる姨捨の棚田が広がり、その先には長野盆地が一望できる。下り線側の流出路と流入路は交差していて豚のしっぽのように一回転するため、敷地も円くなっている。（長野県千曲市）

上り線の展望台から望む長野盆地

81

トンネルの正体

トンネルを空撮したらどうなるか。トンネルはもちろん地中を通っているから、それ自体は空撮の被写体にはならない。正確には、トンネルがどんな場所に掘られているか、トンネルが通っている場所の地表はどうなっているかを、空撮することになる。

トンネルが通じている場所は、今や、山や丘だけとは限らない。地表を改変することなく交通を通そうとする場合

にもトンネルは利用される。道路の建設予定地に貴重な遺跡が発見されてその保存が決まった場合、地表部分を保存するために、遺跡の地下にトンネルを掘ることがある

他にも、一度は切通しにしてみたものの地滑りが発生したのでトンネルに変更したり、複数のトンネルをシェルターでつなげて1本のトンネルにしてみたり、様々な形態がある。こうしたことがわかるのも、空撮だからこそである。

九州自動車道
塚原トンネル
つかはら

空撮してみると、トンネルの上にはまるで円や四角のクッキーをばら撒いたような景色が広がっている。これら一つ一つが古墳である。この付近一帯の塚原（つかわら）古墳群は、調査済みのものだけで約200基の古墳が知られているが、未調査のものも含めると総数はもっと多くなる。日本有数の規模の古墳群であることから、当初の丘陵を切り開いて切通しにする案を変更して、トンネル化による遺跡の保存が図られた。地表のわずか3〜4m下にトンネルを掘るため、遺跡に影響を及ぼさないようにパイプルーフ工法が採用された。全長340m。（熊本県熊本市）

トンネル化による遺跡保存の例としては他に、道央自動車道・鷲ノ木遺跡トンネル（北海道森町）、京葉道路・貝塚トンネル（千葉県千葉市）、舞鶴若狭自動車道・私市（きさいち）トンネル（京都府綾部市）などがある。

山陰自動車道（鳥取西道路）
重山トンネル
しげやま

奇妙なトンネルだ。空から見ると、丘陵部の切通しの中に、わざわざ四角く土を盛ってトンネルが通してある。こうなったのは、切通しを開いてみたら支えを失った地盤が横移動して地滑りを起こしたので、地盤の押さえとして10万㎥の土を後から盛ったためである。長さ116m。（鳥取県鳥取市）

同様の例としては、北陸自動車道・湯上（ゆのうえ）トンネル（富山県魚津市）などがある。

北陸自動車道・宮崎トンネル

空から見てみると山の中にチューブが2本、見え隠れしている。宮崎トンネルは長さ908mと案内されているが、実は3本のトンネルをつなげて1本にしている。チューブはそのつなぎ目というわけだ。このようにトンネルをつなげるのは、明暗を繰り返すことによるドライバーの負担を減らしたり、トンネルとトンネルの間の短い区間だけをわざわざ除雪する手間を減らす目的がある。(富山県朝日町)

国道7号・府屋第一トンネル

国道の改良工事によって掘られたトンネルで、1979年竣工。谷間に見える水道栓のようなコンクリート構造物は2本のトンネルをつなげて1本にした部分で、全体で長さは605mある。ひねってみたくなるような突起の部分は換気用の塔だ。右下に見えるのは旧道の大崎山トンネルの坑口で、旧道は、このトンネルと岬トンネルの別々の2本のトンネルで通過していた。(新潟県村上市)

国道353号
上野雪覆道／スノーシェルター

写真は十二峠トンネルへの東側アプローチ部分で、道路はS字にカーブしながら谷筋から尾根へ約100m登っている。それに合わせて、コンクリート製の覆いや、鋼鉄製のチューブが蛇のように大きくうねっている。これらは、雪害から道路を守るために覆いを被せたもので、スノーシェルターと呼ばれる。厳密にはトンネルではないが、気象条件に左右されないというトンネルの利点を人工的に再現したものといえる。(新潟県南魚沼市)

橋

橋は空撮してみたくなる被写体だ。自分で橋の写真を撮ってみるとわかるが、地上からでは、長さのある橋の全体像を1枚の写真に納めるのはなかなか難しい。特に、近年の土木技術の進歩に伴って、橋は長大化、高橋脚化している。そうした巨大な構造物を格好よく眺めることができる場所は限られている。現地に行ってみると川の岸辺には木や草が茂っていて、見渡すのに邪魔だったりする。自由に橋を鑑賞するには空から眺めるのが一番だ。

もう一つ、橋を空撮する理由がある。それは橋が架かっている場所の地形観察である。谷の深さ、谷の広さ、それらは両方とも架橋技術に対する挑戦になる。そして、年代とともに技術は進化し、設計思想も変遷していく。地形と合わせて鑑賞することで、橋の魅力はより深まるだろう。橋はやっぱり空撮してみたくなる被写体なのだ。

JR中央本線・旧立場川橋梁（たつばがわ）

複線の新ルートの開通で1980年に廃線となったがそのまま存置され、明治時代後期の架橋事情を知るための貴重な史料となっている。橋そのものも魅力的な形だが、着目したいのは、250mの谷幅全てが橋になっているわけではなく、右岸側に築堤を築いて、架橋が必要な部分を110mにまで節約していることである。さらに橋の部分でも、どうしても長スパンが必要な中央部分にだけ長さ62.4m（200フィート規格）のボルチモアトラスと呼ばれる形式の橋梁を持ってきている。当時の架橋技術では、こうした工夫を積み重ねてやっと谷を一つ渡ることができたのである。（長野県富士見町）

当時の鋼材の強度では、橋が長大になると、補助材を入れてトラスを分割（分格）して補強する必要があった。ボルチモアトラスはその一形式。国産技術も未発達で、この橋はアメリカから輸入したものである。

JR外房線・蔵見高架橋

1972年に新線付け替えの際に架けられた延長253.8m、高さ（最高所）19.5mのコンクリート製ラーメン構造の高架橋。軟弱地盤に対応するために現在の形式が採用されたが、高さがあるため、下部の幅を広げた台形状をしている。その分、工事には困難を伴った。ちなみにこの高さで土を盛って築堤を築くと、用地幅が85mも必要になり、広大な法面を保守する手間も考えると、現実的ではない。写真奥には洪積（こうせき）台地の尾根筋を通っていた旧線（1896年開通）跡が見える。（千葉県大網白里市）

旧線

見どころ

・橋の魅力はその土木構造にある。空から見ることで、長大な橋も全体を見渡すことができる。
・時代ごとの技術水準によって架けられる橋の長さは限られているため、架橋地点は慎重に選定されてきた。
・近年、技術の進歩により長スパン・高橋脚の橋を架けることが可能になり、地形的な制約は小さくなっている。

関越自動車道・片品川橋

利根川の支流・片品川が刻んだ広く深い谷を渡るために架けられた橋で、長さ1034m、最高所は地表から道路面までの高さ89mある。完成は1985年。建設当時、長くて高い橋を架けるには、コンクリート製の高橋脚の上に三角形に鋼材を組んだトラス桁を載せる形式が一般的だった。曲線を付けての架橋もでき、設計の自由度も高かった。片品川橋はそうしたトラス橋技術の到達点ともいえる橋である。(群馬県沼田市・昭和村)

東海北陸自動車道・鷲見橋

ドイツで開発されたディビダーク工法は、コンクリート素材の強度進化と相まって、従来の工法では考えられないような長くて高い橋の建設を実現のものにしている。2019年開通の鷲見橋(下り線)は、長さ495m、橋脚の高さ125mあり、日本で一番高いコンクリート製橋脚の橋である。鋼材による軽量化を図りながら橋脚と桁が一体化したラーメン構造橋(正式名称はPC4径間連続ラーメン波形鋼板ウエブ箱桁橋)で作られている。標高900mのひるがの高原(上野高原)に至るには鷲見川が刻む比高200mの深い谷を越えなければならず、この橋の実現可否がルート決定を左右した。(岐阜県郡上市)

ディビダーク工法で建設が進む金谷相良(あいら)道路・菊川の里大橋(仮称)(静岡県島田市)。このように、橋脚の上から両側に作業スペースを押し出しながら、ブロックを継ぎ足して橋を伸ばしていく。建設中の桁を仮支えする支保工を必要とせず、山間部での架橋も容易にしている。

臨港道路・新湊大橋

富山新港の出入り口に架かる主塔の高さ127mの斜張橋で、主塔から広がるワイヤーで桁を支持している。中央部の主塔と主塔の間(主径間)は360mあり、航路を一跨ぎしている。大型船が支障なく航行できるように桁下空間(海面からの高さ)は47m確保している。道路面の最高地点は54.7mにもなる。道路をこの高さまで持ち上げるためのスロープも必要で、そのために新湊大橋を含む臨港道路は総延長が3600mある。(富山県射水市)

鉄道の廃線跡

　廃止された鉄道のルートをたどって、残されている遺構や沿線の風景を楽しむ廃線跡巡り。筆者も時々楽しんでいるが、空から見るとまた格別な面白さがある。線路が続いているその先を見てみたいという欲求を、空撮は一瞬で叶えてくれる。鉄道の線形には、道路ともまた違った独特の雰囲気があり、意外と風景に溶け込まないものだ。技師が丹念に地形を読んで選びに選んだルートを、当の本人が持ちえなかった俯瞰の視点から理解する優越感もある。

　廃線跡と一口に言っても、鉄道そのものが廃止になったものもあれば、新しいルートに切り替えられたことで旧線は廃止になってしまったものもある。そういう場合は新旧のルートの対比も楽しむことができる。また、残されている状態も様々で、中にはバス専用道路や自転車道など他の用途に転用されているものもある。

天理軽便鉄道・法隆寺線

天理市にある天理教本部への交通の便を図ろうとして法隆寺と天理の間に建設された鉄道だが、そう思惑通りにはいかず、現在の近鉄天理線になって存続している区間を除いて1945年に廃止された。この廃線跡の一番の見どころは、溜め池の中に土手を築いて線路を通した部分。大和郡山を経て奈良に向かうJR関西本線とは向きを変えて、東進するルートもよくわかる。（奈良県斑鳩町（いかるがちょう）・安堵町（あんどちょう））

住友大阪セメント 田村工場専用線

JR磐越東線のいわき駅行きの列車が大越（おおごえ）駅を出発すると、進行方向左手の車窓は土手に遮られ、その土手はみるみるうちに高くなっていく。1km程で土手は遠ざかって、またのどかな田園風景が戻るが、あれは何だったんだろう？と印象に残る。この土手は高台にあったセメント工場の専用線の跡で、駅と工場との間の20m程の高低差をつなげるために緩やかなスロープになっている。工場の閉鎖に伴い2000年に廃止になった。（福島県田村市）

東北本線旧線 （黒磯駅〜白河駅）

新線に付け替えられてできた廃線跡。東京と東北地方とを結ぶ大動脈である東北本線は、改良のために、新しいルートで新線を建設して旧線を廃止する付け替え事業が各所で行なわれてきた。この区間は黒川の河谷から白坂の馬落崖（うまおちがけ）を登る難所で、元々は1887年に開通したが、1920年に現在のルートに変更されている。勾配を緩和するために大きくカーブを描く旧線に対して、新線は7連のプラットトラス橋を架けて幅350mの谷を一気に渡っている。(栃木県那須町・福島県白河市)

国鉄・白棚線（はくほう） （JRバス関東・白棚線）

バス専用線に転用された廃線跡。白棚線は白河と棚倉を結んでいた鉄道で、1941年に買収されて国有化されるが、戦時中の1944年に運行休止になった。戦後、鉄道での復旧ではなく、路盤を利用したバス専用線となった。東北新幹線開業後は水郡線沿線からの連絡経路としての役割も加わった。並行する国道の整備に伴って区間は短縮されているが、現在も専用線を使っての運行が続いている。(福島県白河市)

バス専用線と一般道の交差点には進入禁止の注意書きがある。「国鉄　高速度専用（自動車道）」の看板が残っている。文字通り、今日のBRT（バス・ラピッド・トランジット）のはしりである。

筑波鉄道・筑波線

自転車道に転用された廃線跡。筑波鉄道は土浦と岩瀬を結んでいた鉄道で、1918年に開通し1987年に廃線となっている。所々に駅のホーム跡が残されていて、自転車で廃線跡めぐりができる。それにしても、昔の人は大胆な鉄道の通し方をしたものだ。中世の城館跡である小田城の敷地内を対角線に線路が横切っている。近年は史跡としての整備が進められていて、休憩施設もある。(茨城県つくば市)

田園地帯をまっすぐに走り抜ける廃線跡。平坦で、サイクリングにはもってこいだ。

高速道路の廃道跡

道路が不要になり、利用（供用）が廃止されると廃道になる。山間部に新しくトンネルが作られ、それまでの山越えの狭くてカーブが連続する道路はもはや通る必要がなくなってしまうことを思い描くととわかりやすい。安全にスムーズに走行できる道路が新しく建設されることで、旧来からの細く曲がりくねった道路が廃道になるのである。

ところが、最初から高規格で設計される高速道路にも、レアケースながら廃道は存在する。理由は様々だが、安全性や快適さがより強く求められる高速道路では、問題解決のためとなると道路の付け替えも思い切って行なわれるようだ。立派な道路が廃止されそのまま放置されている様には、優美さと哀愁が入り混じった感慨を覚える。また、検札として設けられていた本線料金所（バリア）やパーキングエリア（PA）などの施設が廃止されることもある。

名神高速道路・今須カーブ

1978年に付け替えられた区間で、廃道になってから40年以上経つため、当時の遺構はわずかしか残っていない。けれども、空から眺めると当時のルートがはっきりと読み取れる。この区間には高速道路としては非常に急な半径260mのカーブがあり、前後の急勾配と相まって、開通直後から事故が多発した。その根本解決のため、全長360mの今須トンネルを掘って曲線を半径900mに緩和し、旧来の道路は廃止することになった。（岐阜県関ケ原町）

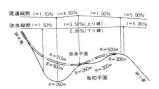

改良前と改良後の線形比較図（『日本道路公団三十年史』より）

中央自動車道
上野原線形改良

東京から50kmのこの地点は、上り線の渋滞の多発地点で、特に、ここから西に20km程の位置には全長が5kmに近い笹子トンネルがあり、長大トンネルの中に渋滞が伸びてしまうと安全上の懸念があった。そこで、それまでの4車線から6車線への拡張工事の際に、カーブを減らすために、新線への付け替えが行なわれた。2003年。廃道の一部は市道に転用されている。（山梨県上野原市）

市道に転用された後も、高速道路時代の標識がそのまま残されている。

東名高速道路
豊橋本線料金所（バリア）跡

東名高速道路における通行券の不正利用防止のために設けられた施設で、1988年から検札業務を開始したが、2007年に廃止された。撮影当時、料金所の屋根やブースは取り壊されてしまっているが、白く細長い「舟形アイランド」と呼ばれる土台はそのまま残されていた。現在は下り線側の跡地を再利用して豊橋パーキングエリアが設置されている。(愛知県豊橋市)

敷地跡に残る「舟形アイランド」。本線の交通をできるだけ妨げないように、上下線合計21レーン設けられていた。

北陸自動車道
米原本線料金所（バリア）跡

1980年に北陸自動車道が名神高速道路につながった時に設けられた検札所で、2007年まで使われた。開設当時、名神高速はパンチカード式の通行券を利用していて、北陸自動車道側には最新の磁気式の通行券が導入されたため、両者の交換を行なう目的があった。その後、名神高速道路も磁気通行券に切り替えられたことで不正利用の取締り用に役割が変更されたが、ETCの普及によって役割を終えた。(滋賀県米原市)

名神高速道路・甲良PA跡

日本の高速道路では、サービスエリア(SA)は約50km間隔で、PAは約15km間隔で設置されているが、名神高速道路ではそれよりも短い間隔で設置されていることがある。これは、名神高速道路が開通した1963年～65年当時は高速走行での自動車の不具合の発生頻度が高く避難所が必要だったためといわれている。甲良PAは隣の多賀SA、湖東三山PAとそれぞれわずか3kmずつしか離れておらず、2005年に廃止されてしまった。(滋賀県甲良町)

直線を通す

　人が思い立って（自然発生的にではなく）交通路を作ろうとすると、それは直線を指向するようだ。律令制の下で建設された古代の官道は直線に造られていたことが、各地の発掘調査でわかっている。日本一長い直線区間は、道路、鉄道ともに北海道にあるが、いずれも明治時代の北海道開拓の過程で建設されたものである。2点間を最短距離で結ぶとその経路は直線になるから、地形の制約さえなければ、

直線は合理的なルート設計である。また、交通機関が高速化すればするほどその経路は直線であることが望ましい。現在建設が進められているリニア中央新幹線の軌道はどこまでも真っ直ぐに造られている。

　直線の経路は、地形だけでなく、人が作った地割も無視して突っ切る。整備された田畑のグリッドを斜めに横切る様子は、まるで土地への景観の上書きである。

リニア中央新幹線

2014年から工事が始められているリニア中央新幹線。その先行区間になる山梨リニア実験線（延長42.8km）の西の端に来てみた。まるで滑走路のような直線的な軌道だ。現在はここで途切れていてるが、さらに西に軌道がつながり、完成の暁には最高時速500kmでリニアモーターカーが疾走することになる。（山梨県笛吹市）

横浜水道道

日本最初の近代水道として1887年に作られた横浜水道の導水線路で、相模川から取水した水を44km離れた横浜市内の野毛山まで導いていた。地下に鋳鉄管が通してあり、その鋳鉄管を運搬するトロッコの軌道敷としても利用された。周囲の畑の地割を無視して一直線に横浜市街を目指しているのが印象的だ。（神奈川県相模原市）

工場団地を横切る水道道。建物は後から三角形の敷地に合わせて建てられたのだが、まるで水道道によって斜めに断ち切られたように見える。

石灰石運搬ベルトコンベア

田んぼの中を一直線に伸びるベルトコンベア。小山があっても迂回などしない。真っ直ぐ乗り越えている。ベルトコンベアはモーターでベルトを引っ張って物を運搬するため、ルートは直線になるのだ。内陸の鉱山で採掘した石灰岩を17km離れた日本海側の港まで、7基のベルトコンベアでリレーして運んでいる。(山口県美祢市)

ベルトコンベアを引っ張るモーターが収められている「中継基地」。ここで次のベルトコンベアに引き継がれる。

高速道路の直線区間

真っ直ぐ延びる東北自動車道。間に長さ500mの和賀川橋を挟んで、約2kmの直線区間が続く。いかにも高速道路らしい風景に思えてしまうが、日本の高速道路では直線区間は極めて珍しい。整備済みの水田の地割に合わせようとしたわけでもなく、約4.5°ずれてルートが引かれている。(岩手県北上市)

阿津賀志山の戦い
あつかしやま

厚樫山
あつかし

阿津賀志山は現在では厚樫山と記される。標高289.4mの低山だが、お椀を伏せたような山容が印象的だ。国見峠の正面に位置し、峠道を扼(やく)すかのように山麓が張り出している。山頂に登れば福島盆地を一望できる。信仰の対象ともなり、江戸時代末には佛源が大師堂を建立した。山腹には、その時の報恩として刻んだ画像碑が多数残されている。

旧奥州道中・長坂跡

約300mにわたり、かつての街道の跡がよく残されている。江戸時代の俳人・松尾芭蕉は、持病に悩まされながらも峠越えに臨んで気力を振り絞ったようで、『奥の細道』に「気力聊(いささか)とり直し、路縦横に踏(ふん)で伊達の大木戸をこす」と記している。長坂跡に文学碑が立てられている。

防塁 (国道4号北側地区)
ぼうるい

この地区は厚樫山山麓の斜面に当たり、長さ280mにわたって二重堀の跡がよく残っている。堀は底が三角形に尖っている薬研(やげん)掘りで、深さは4m程ある。発掘調査によって地盤の凝灰岩層を深く掘り込んでいることがわかった。

← 福島

滑川

見どころ

・福島盆地の北端、国見峠へと通じる長坂は古来より交通の要衝として知られている。
・1189年の奥州合戦では、奥州藤原氏がこの地に二重の堀と三重の土塁を備えた防塁を築いて防衛ラインとした。
・峠の入口を扼すようにある阿津賀志（厚樫）山は印象的で、この地での戦いも阿津賀志山の戦いと称されている。

壇ノ浦の戦いで西国を拠点とする平氏を滅亡に追いやった源頼朝にとって、残る対抗勢力は、東北の奥州藤原氏のみとなった。1189年、源頼朝はついに奥州藤原氏討伐の軍事行動へと踏み切った。奥州合戦である。

迎え撃つ奥州藤原氏は、福島盆地の北端、国見峠の入口付近を防衛ラインと定めて防御を固めた。平野から峠道へと変わるこの場所に、二重の堀と三重の土塁を備えた防塁を長さ3kmにわたって築き、それを2万の将兵が守った。

果たして両軍はこの地で激突することとなった。源頼朝軍は、堀を埋めたり、背後の山から奇襲を仕掛けたりして巧みに攻略した。そして4日目、ついに防塁が破られた。守将の藤原国衡は討ち取られ、奥州藤原氏もほどなく滅亡する。防塁の跡だけは現在も残り、史跡・阿津賀志山防塁として知られている。

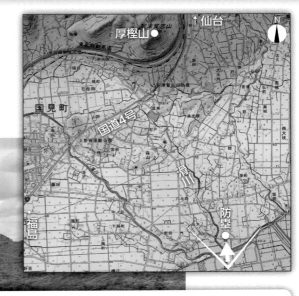

国見峠（長坂）

写真左から東北自動車道、JR東北本線、国道4号が峠に挑む。3本の交通路は、厚樫山の麓を巻いて大きく円を描いた後、ともに峠の鞍部の1点を目指して、集束しながら登っていく。まさに交通の要地だ。地理好きな人なら、地形図を見ていても、空から眺めても、わくわくする地勢だ。奥州藤原氏がこの地に防衛ラインを設定した理由もよくわかる。

防塁（下二重堀地区）

平野部に位置するが、地形を観察すると滑川の左岸段丘をうまく利用して築かれていることがわかる。防塁の西側は滑川の氾濫原に当たる低地で、当時は湿地帯だったと考えられていて、防塁のさらに外堀として機能したことだろう。今は水田となっていて、一部は地元の人々が蓮池を作って観光誘致を図っている。周辺一帯は史跡公園として整備が進められている。

長篠の戦い

　織田信長・徳川家康連合軍が鉄砲隊を組織して、武田信玄以来の武勇を誇った武田の騎馬軍団を打ち破った長篠の戦い（1575年）。1543年に種子島に伝来した鉄砲（火縄銃）が合戦のあり方を一変させた象徴的な出来事として、歴史の教科書にも取り上げられている。

　この戦いは、武田勝頼の軍勢1万5000が、徳川方の長篠城を包囲したことに始まる。城主・奥平信昌は鳥居強右衛門を使者として直ちに援軍を求め、それに応じて駆け付けた織田・徳川の連合軍3万8000は、長篠城の西方2kmの設楽原に布陣した。武田勝頼は長篠城攻略の態勢から陣地転換をして、織田・徳川連合軍との決戦に向かった。かくして両軍は連吾川が流れる低地を挟んで睨み合う形になるのだが、武田の騎馬軍団が一方的に突進して次々と鉄砲で撃ち取られるという結末を迎えてしまうのである。

馬防柵

長篠の戦いで鉄砲隊とともに有名なのが、騎馬隊の突進を止めるために織田・徳川連合軍が前線に築いた柵＝馬防柵である。実際には、柵だけでなく、空堀（からほり）や土塁と組み合わせた三重の防衛線で、断上山の台地に沿って2kmにわたって築かれた。まるで持久戦を考えていたかのような大掛かりな陣地構築である。馬防柵の一部が復元されている。

豊田 JCT ←

新東名高速道路

浜松いなさ JCT

才の神 ←

設楽原

「原」と付いているが、実際には丘陵に川が刻んだ谷戸が細長く入り込んだ地形である。織田・徳川連合軍と武田軍は連吾川を挟んで、それぞれが台地の上に陣取って睨み合う格好になった。こうした土地の起伏があり騎馬による戦闘にはおよそ向かない場所で武田勝頼が決戦を挑んだ真意は、謎のままである。

徳川家康本陣跡（物見塚）

徳川家康は台地の南端の八剣（やつるぎ）山（弾正山）に陣を敷いた。そこには古墳時代に作られた円墳の断上山古墳（粕塚）があり、ちょっとした高台になっている。連吾川を挟んで対峙する敵陣を見渡すには格好の場所で、徳川家康は断上山古墳の上に登って合戦の指揮を執った。

見どころ

・武田の騎馬軍団が鉄砲隊によって壊滅した設楽原は、台地と谷戸が入り組んだ騎馬戦闘には向かない土地だった。
・織田・徳川の連合軍は台地上に布陣し馬防柵を設けるなどして陣地を築き、武田軍を迎え撃った。
・豊川と宇連川の深い谷に守られた長篠城は、武田勝頼の軍勢に包囲されるも、最後まで落ちなかった。

長篠城

長篠は、豊川と宇連（うれ）川の合流点でもあり、山間部から平野に出る谷口にも位置し、奥三河の要衝に当たる。ここに築かれた長篠城は、深い谷を刻んでいる豊川と宇連川に守られ、守り易く攻め難い城である。豊川の対岸には、援軍の到来を伝えて磔のまま殺された鳥居強右衛門の故地があるが、現在は木々が茂って見通せなくなっている。

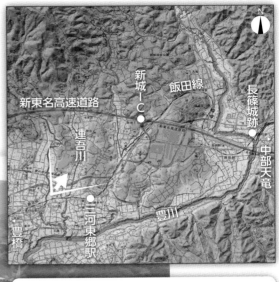

武田勝頼本陣跡（清井田）

織田・徳川連合軍3万8000が援軍に駆けつけて来たことを知った武田勝頼は、山県昌景ら重臣の多くが反対するのを押し切って、長篠城の包囲から設楽原での合戦へと態勢を変え、この地に本陣を移した。戦死を覚悟した重臣達が近くの泉で水盃を交わしたと伝わっている。合戦に臨んでは、五反田川を越えて才ノ神に本陣を前進させている。

信玄塚

合戦の後、地元の人々は塚を築いて両軍の死者を弔った。塚は二つあり、大塚が武田軍、小塚が織田・徳川の連合軍のものといわれる。毎年8月15日には、死者の霊を慰めるために松明を持って塚の周りを踊る「火おんどり」が行なわれている。長篠の戦いの時点では武田信玄は既に死去しているにもかかわらず信玄塚という名称で呼ばれていることに、信玄のカリスマ性がうかがえる。

連吾川

山県昌景の墓

徳川家康の本陣の正面に陣取り、対峙していたのが、武田家の重臣で「武田二十四将」にも数えられた山県昌景である。徳川側にも名は知られていて、江戸時代に描かれた『長篠合戦屏風』には鉄砲で討たれた昌景の首を敵に渡さないように守る従者の姿が描かれている。地元では墓を作って大切に守っているほか、山県の姓にちなんだ山形という地名（字名）が伝わっている。

備中高松城の戦い

　岡山市北区高松地域は、北と東を丘陵が囲み、西には足守川（あしもりがわ）が流れる低平地で、現在は水田地帯となっている。その小さな平野のほぼ中央にわずかながらの微高地があり、戦国時代の城跡として備中高松城跡がある。ここが、豊臣秀吉（戦いの当時は羽柴秀吉）の水攻めで知られる備中高松城の戦いの舞台となった地である。

　主君・織田信長から中国平定を命じられていた豊臣秀吉は、天正10（1582）年、毛利輝元の勢力圏である備中へと攻め入った。総勢３万の大軍で、毛利方・清水宗治が守る備中高松城を囲んだが、城の周囲には湿地が広がり、攻めあぐねた。そこで低平地という立地を逆手に取り、土手を築いて足守川の水を引き入れ、城の周囲を水浸しにした。水攻めによって備中高松城は孤立し、毛利方の援軍が到着してもなすすべがなかった。

高松市街地

標高７〜８m、周囲との比高が１〜２m程の細長い微高地に市街地が形成されている。足守川の自然堤防跡だと思われる。国土地理院の地図では、四等三角点・高松中学校の標高が17.9mとなっているが、これは中学校の建物の屋上に設置されているためである。測量のための基点を高い建物の上に設置しなければならないほど、低く平らな土地ということでもある。

高松一宮西川

水攻めの築堤跡を横切って流れる農業用水路。平安時代に築かれたといわれ、総社市から岡山市妹尾（せのお）にかけて灌漑している湛井（たたい）十二ヶ郷用水の分水の一つで、高梁（たかはし）川から取水した水が流れている。高松一宮西川は用水路だが、備中高松城を囲む湿地帯から流れ出る川があったらほぼ同じ流路をたどっていたはずで、そこを豊臣秀吉が築堤で塞いだというように想像をしてみるのも楽しい。

総社

備中高松駅

吉備線

岡山

　備中高松城の水攻めが日本史に刻まれるのは、この戦いの最中に京で本能寺の変が起こり、織田信長が討死したことによる。豊臣秀吉は急ぎ毛利方と和睦を結び、京へと引き返した。中国大返しとして知られる大行軍で、天下取りに向けて大きく動き出すこととなった。

　歴史に名高い備中高松城の戦いを、空から眺めてみたいと思う。

備中高松城跡 （武将：清水宗治）

本丸は一辺約50mの方形の壇状となっていて、同じような形の二の丸と、それらをコの字状に三の丸・家中屋敷が囲んでいた。周囲は沼地で守られていて、攻めにくい城だった。現地へ行ってみると、堀跡と本丸跡の比高は1m程しかないことに改めて驚かされる。

最上稲荷の大鳥居

低平な土地の中で一人目立っているのが、この朱色の大鳥居だ。1972年に建てられ、高さは27.5mある。最上稲荷の創建は飛鳥時代にまで遡るとされ、現在でも神仏習合の信仰形態が残されている。岡山県内では最大の初詣客が参拝することでも知られる。

蛙ヶ鼻堰堤跡 （武将：豊臣秀吉）

豊臣秀吉が水攻めのために築いた堤の跡で、備中高松城の本丸から直線距離で900m程に位置している。底辺の幅が約24m、上辺の幅が約10m、高さ7〜8mの台形をしている。3kmに渡って築かれたとされるが、現存しているのは蛙ヶ鼻のわずか10m程である。1903年に始まった吉備線の建設の際に、土砂採りのため崩されてしまったのだという。発掘調査によって基礎部分の木の杭が出土している。

関ケ原の戦い

　慶長5年9月15日（西暦1600年10月21日）、徳川家康が率いる東軍7万と、石田三成が率いる西軍8万が、関ケ原で会戦した。天下分け目の関ケ原の合戦である。北を伊吹山地、南を鈴鹿山脈に挟まれ、両者の間の鞍部にあたる関ケ原は古来より東西に通じる要地であった。西軍にとっては京や大阪を守るための重要防衛ラインであり、東軍としては天下を取るためには是が非でもこれを打ち破らねばならなかった。

　関ケ原は、西に向かって緩やかに登っていく坂の途中に少し開けた野原があるというような地形で、西側に立つほど高い場所を占めることができる。つまり、地勢的には西軍に対して有利になっている。石田三成は一早く関ケ原を見渡せる笹尾山に布陣して、東軍を迎え撃った。それに対して東軍は坂の下から攻め上がることを余儀なくされた。

垂井

笹尾山交流館

21

石田三成陣地（標高196m）

三角形に開けた関ケ原の北西の角、笹尾山と呼ばれる比高30m程の丘の上に、西軍の総大将・石田三成は陣取った。丘の上からは関ケ原全体を見渡すことができ、指揮を取るのに適している。また、丘の麓には竹矢来（たけやらい）・馬防柵を設けて、防備も固めた。陣地だけを見ると西軍有利に思えてしまう。

最後決戦地（標高160m）

関ケ原の戦いの中でも一番の激戦地だった場所として、石碑が立てられている。押し寄せる東軍と必死に防ぐ西軍。笹尾山とは250m程しか離れておらず、火縄銃の弾丸も石田三成の陣地に届いたことだろう。

東軍の総大将である徳川家康の陣地も、合戦の最初と最後では36m高い位置に移動している。

後世の我々は歴史の結末を知ってはいるが、改めて地形に注目すると、戦場の個々の場面では西軍が有利なように思えてくる。こうしたイフを想像してみるのも歴史の面白さかもしれないし、古戦場跡を一望できる空撮は、その楽しさを一層盛り上げてくれる。

徳川家康最後陣地（床几場、標高136m）

戦いの後半、徳川家康は陣地を移動させ、主戦場に600m程の距離まで迫った。これを地形的に表現すると、移動距離約2km、高低差36m、平均勾配1.8％の坂道を、徳川家康と本陣を守る旗本諸兵が旗指物（はたさしもの）を持って駆け上がったことになる。総大将自らの前線指揮で、味方の士気は上がったことだろう。東軍勝利の要因の一つといわれる。

南宮山

関ヶ原駅

岐阜関ヶ原
古戦場記念館

岡山烽火場（標高164m）

丸山とも呼ばれるこの丘は、石田三成が陣取る笹尾山と対峙する位置にあり、東軍の黒田長政と竹中重門（しげかど）が布陣した。烽火場の名の通り、ここから上げられた狼煙（のろし）が合図となって東軍諸将が攻撃を開始したと言う。竹中重門は関ヶ原の地元の領主であり、土地勘も生かされたことだろう。主戦場から離れた場所にいる徳川家康の本隊に対して、前線指揮所のような役割を果たしたのだろうと想像がつく。

徳川家康最初陣地（標高100m）

徳川家康は合戦の開始当初、ここ、桃配山（ももくばりやま）の麓に陣取っていた。西の笹尾山に石田三成、南の南宮山に毛利秀元という西軍の布陣を考えるとちょうど中間地点にあたり、両者に睨みを効かせる戦略的な位置ともいえる。だが、結局毛利は動かず、戦いは専ら石田三成陣地の正面で展開された。そうなると主戦場からは直線距離で約2km離れているこの最初陣地は、全体を指揮するには遠く不便な場所となった。

365

城跡

戦国時代、敵情を探るために忍者が活躍したというが、もし忍者がドローンを持っていて敵の城を空から偵察できたとしたら…? そんな場面をちょっと想像してみよう。

ドローンを飛ばした忍者は、天守閣や櫓などの重要な建物や、立て籠もる兵の数などを探ろうとしたには違いないが、まずは城の縄張りを知ろうとしたのではないかと思う。縄張りとは城全体のレイアウトのことで、これがわかれば、城内に設けられている曲輪（郭）と呼ばれる区画の形・大きさ・位置、各曲輪の機能やそれに応じて建てられている建物、相互を連絡する通路や門の位置などの見取り図が書ける。そうなってしまえば敵の城は丸裸同然、お味方の勝利も間違いなし…。

そんな戦国忍者の気分になって空から城を眺めるのもまた楽しい。縄張りに着目しながら空撮写真を見ていこう。

杉山城

小さな山城だが、縄張りの複雑巧妙さに目を奪われる。10の曲輪があり、それぞれが空堀や土塁で守られている。また、曲輪同士が互いに連携するようになっていて、攻め手に対して、別の曲輪から側面攻撃の横矢が仕掛けられるようにもなっている。こうした技巧を誰が施したのか興味あるところだが、文献史料がほとんどなく、出土品の年代から16世紀前半の山内上杉氏の築城だと考えられるようになっている。(埼玉県嵐山町)

河村城

酒匂（さかわ）川とその支流の尺里（ひさり）川の谷に挟まれ、標高225mの丘陵を利用して築かれた山城。御殿場から酒匂川上流の鮎沢川の谷筋に沿って関東平野に入ってくる交通路を押さえる位置にある。戦国時代、河村城は小田原を本拠地とする後北条氏の支配下に入った。駿河との国境に近く、甲斐武田氏との間で争奪戦が繰り広げられたという。守りを堅固にするために、間仕切りを入れた畝堀（うねぼり）が特徴的だ。(神奈川県山北町)

見どころ

・空から見ると曲輪や堀の配置がよくわかる。こうした城の全体レイアウトのことを縄張りという。
・城が築かれた時期や築城者の流儀によって、城の立地や縄張りに違いが見られる。移行期にあたる城もある。
・円形をした城や五角形をした城など、幾何学的な形を空から観察するのも楽しい。

鹿野城
しかの

戦国時代に築かれた山城の麓に、江戸時代初期、壕を廻らした本丸と出丸(二の丸)が付け加えられている。城主は亀井茲矩(これのり)で、1581年の豊臣秀吉の鳥取攻略の際に鹿野を与えられ、その後天下を取った徳川家康にも所領を安堵された。そうした時代変遷の中で、城が山から平野に降りて、防衛拠点から行政拠点へと変わっていったことがわかる史料価値の高い城跡である。1617年に亀井氏が津和野に転封になり、その後1644年に破却された。(鳥取県鳥取市)

田中城

平野の中に築かれた平城で、円形をした珍しい縄張りの城である。円形の由来は、甲斐武田氏の支配下に入った時期に、弓形の壕で守られた馬出しを四方に設けたことによる。弓型の壕が互いにつながって円形になっていったのだが、平野の真ん中にあって360度守りを固めるために必然的にそうなっていったのであろう。その形から亀甲城とも呼ばれた。(静岡県藤枝市)

龍岡城 (龍岡五稜郭)

五稜郭と言えば函館のものが有名だが、日本にはもう一つ五稜郭がある。それが龍岡城である。江戸時代末の1867年に領主の松平が陣屋として築いたもので、西洋の軍事知識に基づいて城郭とした。稜角(星形の頂点)の間が150mの五角形である。明治維新後は小学校の敷地となり、今も佐久市立小学校が立地している。敷地内の御台所は築城当時のものである。(長野県佐久市)

由良台場

江戸時代末期、外国船を打ち払うために沿岸部に作られた砲台のことを台場（お台場）という。有名なのは、1853年のアメリカ・ペリー艦隊（黒船）来航をきっかけに幕府が築造を命じた東京湾品川沖の台場で、今日ではお台場の地名で東京の人気観光スポットにもなっているが、台場はそれ以外にも日本各地に作られている。幕府以外にも諸藩が自領の海岸防備のためにこぞって建設したのである。

日本海に面した鳥取藩でも、1863年から64年にかけて領内8ヶ所に台場を建設している。ちょうど攘夷の気風が最高潮に達し、薩英戦争や下関戦争が起きた頃である。由良台場は由良川の河口部付近に建設され、由良川沿いに立地していた藩倉や反射炉といった鳥取藩にとっての重要施設を守るという防衛目的があった。今日では海浜公園の一部となって、イベント会場としても使われている。

裏門橋

橋の名前は、藩倉の裏門があったことに由来する。由良川に面して船着き場があった。藩倉に納められた藩米はここから小舟に載せられて運び出され、由良川の河口の沖合に停泊する御用船に積み直されて大阪の蔵屋敷に運ばれた。

六尾反射炉跡

鉄製の強力な大砲を作るには反射炉と呼ばれる炉で鉄を溶かして精錬する必要があり、江戸時代末には幕府や力を付けた諸藩が軍備増強のために競って建設した。鳥取藩では武信（たけのぶ）潤太郎が1857年に建設して、実際に多くの大砲を製造した。それらは藩内に設けられた各台場に据えられたほか、大阪の天保山砲台にも運ばれている。観光施設「青山剛昌（ごうしょう）ふるさと館」の外観は反射炉を模したものになっている。

北条砂丘

鳥取県の中央部、日本海に面して東西約12kmにわたって伸びる砂丘。防風・防砂林の松林が整えられていて、その内陸側ではスプリンクラーによって水を供給して畑作や果樹栽培が行なわれている。生産物はタバコ、ナガイモ、ブドウなどだが、北栄町（旧大栄町域）では特にスイカの栽培が盛んで大栄スイカとして知られている。

由良台場跡

東西125m、南北83m、長方形の二つの角を切り落としたような六角形をしていて、高さ4.5mの土塁によって囲まれている。ここに7門の大砲が据え付けられていた。重要な軍事施設でありながら藩からの資金提供はなく、材方役人を務めていた武信家の武信潤太郎が主導して、商人や農民の力だけで作られた。一度も実戦で使われることなく破棄され、大正時代には当時の由良町に払い下げられている。

藩倉跡

江戸時代、各藩は領内に公の倉庫として藩倉を設置し、年貢米の集荷・保管・出荷の拠点として運営した。由良のものは1719年に鳥取藩が設けたものである。由良は伯耆街道と由良川が交わる地点にあり、陸運・水運の両方に便利な土地であった。由良藩倉から出荷された米は、由良川から海に出て、北前船の航路で大阪に運ばれた。由良藩倉跡には建物は残されていないが、隣の湯梨浜町には橋津藩倉の倉庫の一部が現存している。

由良宿

鳥取県を東西に走る伯耆街道（米子往来）の宿場町。藩倉の設置に伴って荷車が通れるように街道が整備されたことで陸上交通も盛んになり、1732年に宿場町として藩から公認された。現在は北栄町の中心地となり、地元出身の漫画家・青山剛昌の『名探偵コナン』で町おこしも盛んに行なわれている。

由良川

米子 →

⑨

お台場（東京都港区）

1853年のアメリカ・ペリー艦隊が開国を求めて来航した際、翌年の再来航に備えて、幕府は江戸防衛のための台場の築造を命じた。鳥取藩は海岸沿いに屋敷を構えていたため、同様の薩摩藩や福井藩などとともに沿岸警備を命じられ、御殿山下台場の警備に当たった。写真は現在の第三台場。

↓ 日本海

軍用飛行場跡

太平洋戦争中、日本各地に数多くの軍用飛行場が建設された。これらには、航空基地以外に、航空兵養成用の訓練用飛行場や不時着に備えた滑走路なども含まれる。戦況が厳しくなってくると、迎撃部隊を追加配備するための基地や本土決戦に備える目的で滑走路が急造されることもあった。特攻機が出撃して行った基地もある。

そうした軍用飛行場は、戦後、自衛隊の基地や民間空港に引き継がれたものもあるが、放置され、戦後80年近く経つ今日でもその遺構が残されているものもある。また、農地造成のために払い下げられたが、当時の敷地の跡が土地の地割にはっきりと残っている場所もある。戦跡としての軍用飛行場跡を訪ねてみても、飛行場は大きく、地上からだけではなかなか実感がわかない。全体像を把握するために空から眺めてみよう。

大社航空基地跡

太平洋戦争戦争末期の1945年3月から整備が始められ、3カ月間で急造された旧海軍の航空基地。終戦間際のタイミングであったが、爆撃機「銀河」が配備され出撃している。新川の河川跡地を利用していて、幅60m、長さ1500mのコンクリート敷き滑走路を備えていた。戦後は陸上自衛隊の訓練地となっていたが、今は空き地となっていて、再開発が進められている。(島根県出雲市)

根室航空基地跡

太平洋戦争戦争開戦後の1943年、旧海軍の航空基地として建設が始められ、1945年6月にようやく一部が完成したといわれている。北海道防衛の際には、根室半島の防衛拠点となるはずだった。戦後はそのまま放置されたため、幅80m、長さ1200mのコンクリート敷き滑走路が残っている。滑走路の一部は漁具の干場として利用されている。周囲には飛行機を格納した掩体壕(えんたいごう)も残る。(北海道根室市)

香取航空基地跡

旧海軍の航空基地として1938年に建設が決定され、太平洋戦争開戦後の1942年頃に完成している。戦争末期には、硫黄島沖への特攻機の出撃基地にもなった。長さ1500mと1400mの2本の滑走路がX字状に交差したレイアウトが特徴的だ。現在は工業団地に生まれ変わり、その工場用地に滑走路跡が引き継がれている。周囲には飛行機を格納した掩体壕も残る。(千葉県旭市・匝瑳市)

新田（生品）飛行場跡

旧陸軍の熊谷飛行学校の訓練用飛行場として、林地を切り開いて1938年に完成した。戦後直後に、食糧増産と近くの軍用機工場の離職者就農を目的として、農地へ転換された。「生品飛行場跡三百町歩開耕計画」として喧伝され、地元では「開拓」と呼ばれた。そのため遺構はほとんど残されていないが、周囲の農地に対して45度傾いている敷地跡が土地に刻まれた痕跡として今日もはっきりと残されている。(群馬県太田市)

着陸訓練施設の鎮碇(ちんじょう)とされるこのコンクリートの物体が、ほぼ唯一の遺構である。

鶉野飛行場跡

1943年に完成した旧海軍の飛行場で、姫路海軍航空隊としてパイロット養成の基地となった。また、川西航空機姫路製作所鶉野工場が併設されていて、当時の新型戦闘機である紫電(しでん)や紫電改(しでんかい)の試験飛行にも用いられた。戦争末期には神風特攻隊「白鷺隊」が編成され、この飛行場から出撃して63名が戦死している。1200mの滑走路跡のほか、防空壕や対空機銃の台座跡なども残されている。資料館の整備が進められている。(兵庫県加西市)

滑走路跡に建てられた加西市防災備蓄倉庫では、紫電改の実物大模型を見ることができる。

105

根室地域の防御陣地跡①

明治時代以降、第二次世界大戦までの戦争に関連した遺構のことを戦跡もしくは戦争遺産という。それらは要塞や砲台、兵舎、軍需工場などの「点」であることがほとんどで、地図や地形の愛好者からはちょっと縁遠い存在である。ところが、地図に載らないまでも、地上に描かれた「模様」として存在する戦跡がある。それがここで紹介する根室地域の防御陣地跡である。

第二次世界大戦末期、戦局の悪化により本土決戦を覚悟した旧日本軍は、上陸してくる敵を迎え撃つために日本各地で防御陣地の構築を行なった。根室地域の防御陣地もそうした動きの中で作られたもので、1943年末頃より、当地を管轄していた第33警備大隊によって建設が進められた。その大隊長として指揮に当たったのが大山柏である。

考古学者でもあった彼は、自ら陣地構築の設計や助言を

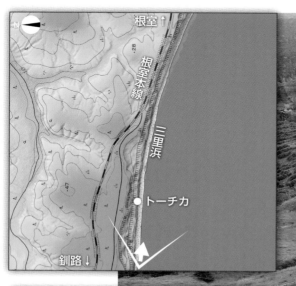

交通壕

散兵壕と散兵壕を結ぶ、通路として使われる壕のことを交通壕という。交通壕には掘り進めていく幾何学パターンとして、電光形、蛇行形、鋸歯形、横墻(おうしょう)形、旋回横墻形が定められていた。これらの幾何学パターンは、爆風やそれに伴って飛び散る破片による被害を最小限にとどめるための工夫で、折れ曲がりを繰り返したり、蛇行したりしている。空から見える模様は、こうした交通壕の幾何学パターンの組み合わせによるものだ。図は陸軍省『野戦築城教範軍令陸第3号』(昭和2年)より。

部隊

防衛研究所所蔵「北海道根室付近兵力配置図 5万分1」によると、三里浜の西部丘陵上に歩兵中隊1、機関砲隊1、速射砲隊1の配置が想定されていたことがわかる。これらの部隊が実際に配備されていたかの確認はできなかったが、三里浜の陣地には機関砲または速射砲を据え付けたと思われる砲台らしき円形の遺構が上空から見て取れる。

行なう一方、研究者らしく日々の行動を丹念に日誌に記していた（『北のまもり　大隊長陣中日誌』として戦後刊行）。そうした資料によって、防御陣地建設当時の雰囲気や部隊配置の理解を深めることができる。

防御陣地跡は、草木に隠れ、次第に土に埋もれながらも、75年の歳月を経て今日なお残されている貴重な戦跡である。現地で確認できた限りの20カ所を全て紹介しよう。

散兵壕
（さんぺいごう）

兵士の身体や武器を隠しながら攻撃するために地面に掘った穴を塹壕（ざんごう）といい、旧日本軍では散兵壕と呼んでいた。道東では、海岸線での水際防御のために、海岸段丘の崖上に身を伏せることができるような壕が数多く見かけられる。また花咲港や歯舞（はぼまい）のように、なだらかな丘陵地帯での敵の進軍を阻止する目的のものもある。

三里浜と海岸段丘

約6kmにわたって砂浜が続いている。砂浜の幅は約50mあり、その先を高さ30〜40mの断崖がさえぎっている。こうした海岸沿いの段丘地形を海岸段丘といい、段丘上は平坦になっている。海から上陸してきた敵を丘の上から狙い撃ちできる地形で、そうした戦術目的のために陣地が築かれた。写真は中潮の干潮時に撮影。

トーチカ

コンクリートで防御された攻撃施設で、射撃口（砲眼）が開けられている。敵に見つからないように土で覆って隠すこともある。写真のトーチカは元々は崖際に埋められていたものが、崩落してこうした形で砂浜に転がっている。旧日本軍では特火点（とっかてん）と呼んでいた。

根室地域の防御陣地跡②

友知岬

岬の南端を守るように築かれた陣地。
三角形の岬全体に交通壕が廻らして
あり、電光型、鋸歯型と呼ばれるパ
ターンがよくわかる。写真右手の崖
際に進出するための交通壕が何本も
伸びている。

友知海岸（1）

日本軍にとって友知海岸の防衛は重要課題で、約6kmの砂浜
にはほぼ全体にわたって防御陣地が築かれた。この場所では、
砂浜にできた起伏を巧みに生かして、壕を掘って陣地としてい
る。トーチカの遺構も残されている。

友知海岸（2）

右上に左右両翼を持った三角帽子のような壕があり、そこへ伸
びる縦の交通壕が印象的な陣地だ。身を隠す場所のない砂浜
の中で、水際に近い位置まで進出するための配置だと思われる。

北浜町

根室半島の北側（オホーツク海側）に残る陣地跡で、特別警備隊
が守備をしていた。重機関銃（MG）および軽機関銃（LG）が配
備されていた。ここから根室の市街地までは1km程しか離れ
ていない。

珸瑤瑁

草が茂って分かりにくくなっているが、海岸に沿って交通壕が
伸びている。珸瑤瑁には、第3中隊が小学校を仮宿舎として駐
留していた。その珸瑤瑁小学校は戦後、日本最東端の小学校と
なったが、2013年に閉校になった。

花咲港（1）

花咲港の正面に標高45m程のなだらかな丘陵がある。これを登り切ってしまえば、根室までは目と鼻の先である。敵兵が丘陵に登ってくるところを迎え撃つための陣地として、丘陵全体に三重に壕が張り巡らされている。

花咲港（2）

花咲港正面陣地の西側に位置し、沼を一つ挟んだ舌状丘陵の先端に設けられた陣地。この位置からは花咲港を横から睨む格好になり、側面から攻撃をするための側防陣地として作られたものと思われる。

浜松

元は瀬臥牛（せふせうし）と呼ばれていた。長節（ちょうぼし）と落石との中間点に当たり、内陸にはこの地域一帯を指揮する大隊指揮所も設けられた。そうした拠点を守るための水際陣地だと思われる。重機関銃（MG）配備の第17陣地とも考えられる。

歯舞<ruby>歯舞<rt>はぼまい</rt></ruby>

根室半島先端部の防衛拠点として第32警備大隊の分屯隊が駐屯し、重機関銃配備の第15陣地が築かれた。また、千島との交易拠点でもあり、大山柏『金星の追憶』によると根室よりも物資が豊かだったこともあるという。

三里浜

三里浜東端の段丘上に築かれた陣地。崖際に交通壕を廻らしているだけでなく、窪地を利用して後方にも壕を作って身をひそめることができるようになっている。

昆布盛

海に面した小高い丘陵上に、円形に散兵壕が配置され、それらに至る交通壕がまるで花火のように展開されている。『大隊長陣中日誌』には「昆布盛北側、水際MG陣地を実査」という記録がある。

落石東

落石湾の東側の岬に作られた陣地。岬の先端まで進出するための交通壕のほかに、岬の付け根にも別の壕跡が見られる。この岬自体を陣地化しようとしたものと思われる。

落石岬1

ハンマーのような形をした標高40m程の岬で、周囲は断崖になっている。この岬には落石無線電信局（無電台）があり、防衛拠点となっていた。西側、三里浜から上陸してきた敵に備える位置にあたる。

落石岬2

落石岬南側、標高45m付近に築かれた陣地。銃座のような円い窪みが二つ見える。海から続いている谷状の窪地に交通壕が続いている。この窪地にひそんだり退避したりしたのだろうか。

落石岬3

落石岬の南側に設けられた陣地で、銃座のような円い窪みが二つあるほか、指揮所のような壕も見える。左上の窪地へ交通壕が延びているが、まっすぐ行くと行き止まりになっているのはトラップだろうか。

末広

<small>まびろ</small>

海沿いの高さ40m程の断崖上に作られた陣地。森から交通壕が延びてきて、断崖上の平坦地でフォーク状に枝分かれして崖際まで進出できるようになっている。撤退時はその逆に森の中に逃げ込む。軍隊行動が想像できる陣地だ。

床潭

<small>とこたん</small>

標高83m、断崖絶壁のアイニンカップ岬は頂が平らになっていて陣地を築くには格好の地形だ。ここに厚岸（あっけし）の海軍基地を守るための高角砲陣地が設けられた。掩体壕の土塁跡や海側正面に掘られた交通壕の跡がはっきりとわかる。

霧多布

<small>きりたっぷ</small>

半島の北側、高さ45m程の断崖の上に壕跡が残されている。戦時中、霧多布には防空監視所が設けられていた。また、この崖下には、岩を掘り抜いて特攻用舟艇の格納庫が作られた。こうした軍事施設と関連したものだと思われる。

貰人

<small>もうらいと</small>

集落東側にあるお椀を伏せたような高台に残された壕跡。先端部分では枝分かれさせようとしているが、まだ未完成のようだ。交通壕も直線的で、急ごしらえのような印象を受ける。掩体壕のような窪みも見える。

島根県出雲市・斐伊川

【著者プロフィール】
藤田哲史（ふじた・てつし）

1974年富山県生まれ。東京都在住。地理好き、地図好きが昂じて、日本全国を旅している。高速道路や国道を走破する一方、明治以降の近代交通網の形成にも興味を持ち、大正道路法を根拠とした道路元標や、鉄道の駅が「ステンショ」と呼ばれていた頃の道標などを、各地に収集している。土木技術史にも関心を寄せ、過渡期の橋梁技術——特にレンティキュラートラス橋や三弦トラス橋を探索しにアメリカやドイツへも出掛けている。定期航空便からの航空写真も趣味としていて、自らドローンによる空撮も手掛ける。著書に『中央自動車道の不思議と謎』（実業之日本社）。『ドローンのすべて』（洋泉社）制作協力。

装丁・P1デザイン…秋庭　崇（Banana Grove Studio）
本文DTP・本文デザイン…株式会社千秋社
Mavic 2 PRO製品写真（カバー・P1）…DJI JAPAN株式会社
企画・編集・地図制作…磯部祥行（実業之日本社）

※本書に掲載した地図は、DAN杉本氏制作の3D地図ナビゲータ「カシミール3D」と「スーパー地形」、国土地理院の「地理院地図」を使って製作しました。

【参考文献】（順不同）

- 山本晃一『河川堤防の技術史』
- 大山柏『金星の追憶：回顧八十年』
- 大山柏『北のまもり：大隊長陣中日誌』
- 藤井松太郎「国鉄の信濃川発電工事」（『土木施工』11巻2号～5号）
- 阿部慶太ほか「潟縁に成立した信濃川下流域列状村＜藤蔵新田＞の空間構成」（『日本建築学会北陸支部研究報告集』第56号）
- 東城葵ほか「居住者参加による集落空間研究が景観整備に与えた影響に関する事例研究」（『日本建築学会技術報告集』第18巻第39号）
- 田原市博物館『渥美半島の農業の歩みと豊川用水』
- 大栄町『大栄町誌』
- 上野原町誌編纂委員会『上野原町誌』
- 豊栄市史調査会『豊栄市史』
- 加須市『加須市史』
- 城陽市史編さん委員会『城陽市史』
- 小国町史編集委員会（新潟県小国町）『小国町史』
- 『角川日本地名大辞典』（角川書店）各県版
- 『日本歴史地名大系』（平凡社）各県版

ドローン空撮で見えてくる日本の地理と地形

2021年3月25日　　初版第1刷発行
2021年11月15日　初版第2刷発行

著　者…藤田哲史
発行者…岩野裕一
発行所…株式会社実業之日本社

〒107-0062　東京都港区南青山5-4-30
　　　　　　emergence aoyama complex 2F

電話【編集部】03-6809-0452
　　　【販売部】03-6809-0495
　　　　　https://www.j-n.co.jp/

印刷・製本…大日本印刷株式会社

©Tetsushi Fujita 2021 Printed in Japan
ISBN 978-4-408-33955-9（アウトドア）